新訂版

三上京子・山形美保子・青木俊憲・和栗雅子　著

スリーエーネットワーク

Published by 3A Corporation.
Trusty Kojimachi Bldg., 2F, 4, Kojimachi 3-Chome, Chiyoda-ku, Tokyo 102-0083, Japan

ISBN978-4-88319-747-7 C0081

First published 2005
Revised Edition 2010
New Edition 2017
Printed in Japan

はじめに

この本は、中級レベルから上級レベルをめざして日本語学習をしている人のために作られた読解の問題集です。学習者が様々な分野の文章を読み、問題を解いていく中で、自然に読解力がつけられるよう、いくつかの工夫がされています。

中級の勉強をしている学習者にとって、論理的な文章や専門的な用語が使われている文章を読むことは決して簡単なことではありません。構文が複雑だったり知らない言葉が複数出てきたりすると、そこから先に進めない、あるいは最後まで読んだけれど、文章全体で何が述べられているかつかめない、というようなことがあると思います。この問題集では、そのような点を考慮して、少し難しい読解文を読み、的確に質問に答えるためのストラテジーを、七つのセクションで提示し解説をつけました。

また、これまで中級レベルの学習者が読んできた文章は、日常生活の場面や話題に関するものが多かったと思います。そのため、学習者が中級後半から上級をめざす段階で、より専門的な文章に出会ったとき、急に難しくなったような印象を受けることもあったのではないでしょうか。そこでこの問題集では、日常生活の場面以外に様々な専門分野からも読解の素材を集め、学習者が自然にいろいろな分野の語彙や論理的な文章に触れることができるようにしました。

ここでの読解文と問題は、「日本留学試験」の「日本語　読解」と同じ形式をとっていますが、「日本留学試験」をめざす人だけでなく、一般の日本語学習者にとっても「読む」ためのとてもいいトレーニングになると思います。この問題集を使って一人でも多くの学習者が、「読む」こと、そして読んだあとに「問題に答える」ことの楽しさを味わい、その結果として、日本語の文章を読む力がさらにつくことを願っています。

この問題集は、初版発行以来、改訂版を経て、長い間国内外で多くの方にお使いいただいてきましたが、今回、新訂版を発行するに当たって、情報や話題が古くなったものを中心に、一部内容を見直しました。

最後になりましたが、素材となる文章の選定、問題作成、校正等すべての段階で、本当に貴重なアドバイスをしてくださった編集の佐野智子さん、溝口さやかさんに心からの謝意を表したいと思います。また、本書の趣旨を理解してくださり、原典からの転載を快く承諾してくださった多くの著者の方々にも厚く御礼を申しあげます。

2017年3月　　著者一同

目　次

読解問題

パート１「例題と解説」編

パート２「練習」編

パート３「実践」編

この本をお使いになる方へ

Ⅰ．構成

この本は次のような部分から構成されています。

1. 読解ストラテジー

「読む」とはどういうことか、「何を」、「どんな目的で」、「どう」読むのか、の解説。

2. 読解問題

三つのパートで構成されています。

パート１「例題と解説」編

七つのセクションから構成され、それぞれ例題とその解説、確認のための問題（各２題）があります。

セクション１と２では必要な情報を探す読み方を練習します。

セクション１：お知らせ、グラフなどから必要な情報を探す読み方

セクション２：文章から必要な情報を探す読み方

セクション３～７は文章を読み解く手がかりとなるキーワードのタイプで分かれています。

セクション３：対になっているキーワード

セクション４：接続語や指示語がキーワード

セクション５：数字がキーワード

セクション６：比喩（ひゆ）表現がキーワード

セクション７：意外な意味を持つ言葉がキーワード

パート２「練習」編

練習問題44題。パート１で学習した様々なタイプの文章の読解トレーニング。

パート３「実践」編

力試し問題17題。「日本留学試験（2010年第１回）」の「日本語　読解問題」と同じ形式の読解トレーニング。

3. 別冊

問題の解答と、解答を導くためのヒント。

Ⅱ．テクストタイプとトピック

テクストタイプとしては、お知らせ、新聞記事、手紙文、エッセイ、説明文、論説文など、

様々なものを取り上げています。また、トピックも、学習者が日常生活で出会う身近なことから、社会、教育、言語、文化、経済、国際、環境、科学など、専門分野に関するものまで幅広く扱っています。これらの文章を読むことにより、各分野の語彙の学習にもなります。

Ⅲ．対象者と使い方

この本は、中級半ばから上級までの学習者を対象にしています。「日本語能力試験」のレベルで言えば、N2からN1あたりを想定しています。そのため、このレベルの学習者にとって難しいと思われる漢字や語彙には振り仮名を付けてあります。

この本は、一人で学習することもできるし、教室での授業にも使えます。

問題は、「日本留学試験」の「日本語　読解問題」と同じ形式を取っており、試験をめざす学習者が中級レベル半ばぐらいの段階から使用することが可能です。特に、パート３は、40分程度で解いてみると、「日本留学試験」のためのよい練習となります。

また、試験対策以外にも、短い文章を読んですぐ何が書いてあるのかをとらえるといったような、読みのトレーニングとして活用できます。

毎日１題ずつ読んでみる、１題にかける時間を数分と決めて時間を計って読んでみる、などの練習をするとよいでしょう。

For users of this book

I. Contents

This book consists of the following components:

1. Reading strategy

Explains what reading means in terms of "What to read," "Its purpose" and "How to read".

2. Reading proficiency questions

Comprises three parts:

Part 1: Sample questions with explanation

Consists of seven sections, each having sample questions plus a subsequent explanation and two questions each for confirmation.

Reading to gain necessary information introduced in Sections 1 and 2.

Section 1: Reading to gain necessary information from notices, graphs, etc.

Section 2: Reading to gain necessary information from texts

Sections 3 to 7 are classified by type of keyword that provides a clue to the meaning of the texts.

Section 3: Keywords that form a pair

Section 4: When conjunctional or demonstrative words become keywords

Section 5: When numbers become keywords

Section 6: When metaphors become keywords

Section 7: When words with an unexpected meaning become keywords

Part 2: Exercise

Poses 44 questions as a reading exercise for various types of texts as introduced in Part 1.

Part 3: Practice

Includes 17 trial questions for the "Japanese Reading Comprehension Questions" in the "Examination for Japanese University Admission for International Students (EJU) (1st test of 2010)."

3. Separate volume

Gives answers to the questions and hints that lead to answers.

II. Text type and topics

Covers various types of text such as notices, newspaper articles, letters, essays, statements, editorials, etc., and also a wide range of topics, from those close to students as observed in daily life to those in specialized fields like social issues, education, language, culture, the economy, international affairs, environment and science. Reading such forms of text helps enhance the vocabulary used in each field.

III. Targeted readers and how to use this book

This book is aimed at students between the mid-intermediate and advanced levels. In terms of the "Japanese Language Proficiency Test," it is intended for Levels N2 to N1. Thus, *furigana* is basically used for Chinese characters and vocabulary that seem to be difficult at this level.

This book is suitable for independent study as well as classroom instruction.

The questions herein use the same form as in the Reading Comprehension Questions in the Examination for Japanese University Admission for International Students (EJU), and are useful to students intending to take the test from the mid-intermediate level. Particularly, in the case of Part 3, finding the answers in about 40 minutes makes a good exercise in preparing for this examination.

In addition to preparing for the test, the book is a good reading practice tool, for example, for grasping the meaning immediately after reading a brief text.

Reading one question per day and reading with set time limits for answering one or more questions are good forms of practice.

本书的使用说明

Ⅰ．构成

本书由以下几个部分构成。

1. 读解策略

讲解“什么是读？读什么？读的目的是什么？怎么读？”。

2. 读解问题

由三个部分构成。

第 1 部分“例题和解说”

由七项内容组成，分别包括有例题、例题的解说以及测试问题（各 2 题）

第 1、2 项是练习寻找所需信息的阅读方法

第 1 项：从通知、图表等中找出所需信息的阅读方法

第 2 项：从文章中找出自己所需信息的阅读方法

第 3 ～ 7 项是以文章中的关键词，即可以成为解读线索的词汇进行分类的。

第 3 项：相互对比的关键词句

第 4 项：连词和指示词为关键词句时

第 5 项：数字为关键词句时

第 6 项：比喻表现为关键词句时

第 7 项：带有意外意思的词为关键词句时

第 2 部分“练习”

练习题 44 题。针对第 1 部分中学习过的各类型文章进行读解练习。

第 3 部分“实践”

能力测试问题 17 题。采用与“日本留学考试（2010 年第一次考试）”中的“日语　读解问题”相同的形式进行读解练习。

3. 附册

问题的解答和提示。

Ⅱ．教材类型和论题

教材类型采用有通知、新闻报道、信件、小品文、说明文、议论文等各类文章。另外，论题所涉及的范围也很广泛，包括有从人们日常生活中所接触的身边琐事到社会、教育、语言、文化、经济、国际、环境、科学等专业领域的各类问题。读这些文章，也能学习各领域的词汇。

Ⅲ．对象和使用方法

本书是以从日语中级中期到高级的学习者为对象编写而成的。按“日语能力考试”的水平来说，设定在 N2 至 N1 左右。因此，我们认为对这一水平的学习者来讲较难的汉字和词汇均附有假名。

本书既可用于自学也可用于授课。

问题采用与“日本留学考试”中的“日语　读解问题”同样的形式，以考试为目标学习的人，可自日语中级中期开始使用本书。特别是第 3 部分，试着用 40 分钟左右的时间解答，对“日本留学考试”将会是一种很好的练习。

另外，考试对策以外，也可灵活运用于练习阅读了短文后如何马上抓住文中主要内容。

试着每天练习 1 道题，先定下一道题用几分钟完成，然后进行计时练习等等，这些都是有效的练习方法。

본 교재를 사용하시는 분께

Ⅰ. 구성

이 책은 다음과 같은 내용으로 구성되어 있습니다.

1. 독해 전략

「독해」란 무엇인가, 「무엇을」, 「어떤 목적으로」, 「어떻게」 읽을 것인가를 해설.

2. 독해 문제

3개 부분으로 구성되어 있습니다.

파트1 「예제 및 해설」 편

7개 섹션으로 구성되어 있으며, 각각의 예제와 그 해설 그리고 확인 문제 (각 2문제) 가 실려 있습니다.

섹션1과 2에서는 필요한 정보를 찾는 독해법을 연습합니다.

섹션1 : 알림글, 그래프에서 필요한 정보를 찾는 독해법

섹션2 : 문장에서 필요한 정보를 찾는 독해법

섹션3부터 7은 문장을 이해할 수 있는 실마리의 키워드를 형태에 따라 나누었습니다.

섹션3 : 짝을 이루고 있는 키워드

섹션4 : 접속어와 지시어가 키워드

섹션5 : 숫자가 키워드

섹션6 : 비유 표현이 키워드

섹션7 : 의외의 의미를 갖는 말이 키워드

파트2 「연습」 편

연습문제 44문제. 파트1에서 학습한 다양한 형태의 문장에 대한 독해 트레이닝.

파트3 「실천」 편

실력테스트 문제17문제. 「일본유학시험 (2010년 제1회)」 의 「일본어 독해문제」 와 동일한 형식의 독해 트레이닝.

3. 별책

문제의 해답과 해답을 이끌어내기 위한 힌트.

Ⅱ. 텍스트 타입과 토픽

텍스트 타입으로는 알림글, 신문 기사, 편지글, 에세이, 설명문, 논설문 등 다양한 형태의 글을 다룹니다. 또한 토픽 역시 학습자가 일상 생활 속에서 접하는 친근한 내용에서 사회, 교육, 언어, 문화, 경제, 국제, 환경, 과학 등의 전문 분야에 관한 것까지 폭넓게 다룹니다. 이런 문장을 읽음으로 해서 각 분야의 어휘 학습에도 도움이 됩니다.

Ⅲ. 대상자 및 사용 방법

이 책은 중중급 부터 상급 까지의 학습자를 대상으로 하고있습니다.「일본어 능력시험」의 레벨로 보면, N2에서 N1 정도를 대상으로 합니다. 따라서 이 레벨의 학습자에게 어려울 것으로 예상되는 한자와 어휘에는 후리가나 (읽는 법) 를 표기해 두었습니다.

이 책은 혼자서도 학습이 가능하며 또한 교실 수업에서도 사용이 가능합니다.

문제는「일본유학시험」의「일본어 독해문제」와 동일한 형식을 취하고 있어 시험을 목표로 하는 학습자가 중중급 정도 레벨의 단계에서부터 사용할 수 있습니다. 특히 파트3은 40분 정도 걸려 이해할 수 있다면「일본유학시험」의 준비를 위해서도 좋은 연습이 될 것입니다.

또한 시험 대책 이외에도 짧은 문장을 읽고 무슨 내용이 적혀 있는지를 금방 파악하는 등의 독해 트레이닝 교재로도 활용할 수 있습니다.

매일 한 문제씩 읽어보기 또는 한 문제를 푸는데 걸리는 시간을 몇 분으로 정해 시간을 재어가며 읽는 연습에도 유익한 교재가 될 수 있습니다.

Thân gửi bạn đọc cuốn sách này!

I. Cấu trúc

Cuốn sách này được cấu thành bởi các phần như dưới đây.

1. Chiến lược đọc hiểu

Giải thích "đọc" là công việc như thế nào, đọc "cái gì?", "với mục đích gì?", "như thế nào?"

2. Các đề đọc hiểu

Bao gồm 3 phần.

PHẦN 1: Tập "Đề mẫu và lời giải"

Được cấu thành bởi 7 Section, mỗi Section có đề mẫu và lời giải, đề bài để xác nhận (mỗi đề có 2 câu hỏi).

Ở Section 1 và 2 người học sẽ luyện tập cách đọc để tìm những thông tin cần thiết.

Section 1: Phương pháp đọc tìm những thông tin cần thiết từ bản thông báo, đồ thị, v.v.

Section 2: Phương pháp đọc tìm những thông tin cần thiết từ bài văn

Section 3~7 được chia theo thể loại từ khóa là đầu mối để đọc hiểu bài văn

Section 3: Từ khóa đối lập

Section 4: Từ khóa là liên từ, từ để chỉ

Section 5: Từ khóa là con số

Section 6: Từ khóa là cách ẩn dụ

Section 7: Từ khóa là từ mang nghĩa không ngờ tới

PHẦN 2: Tập "Luyện tập"

Có 44 đề luyện tập. Là phần luyện đọc hiểu cho các dạng bài văn đã học ở Phần 1.

PHẦN 3: Tập "Thực hành"

Có 17 đề bài để thử sức. Là phần luyện đọc hiểu dưới dạng hình thức giống với "Đề bài đọc hiểu tiếng Nhật" của "Kỳ thi Du học Nhật Bản (Lần thứ nhất năm 2010)".

3. Phụ lục

Đáp án và phần gợi ý đáp án.

II. Dạng bài văn và chủ đề

Cuốn sách nêu ra nhiều dạng bài văn khác nhau như bản thông báo, bài báo, bức thư, bài xã luận, bài giải thích, bài diễn thuyết, v.v.. Ngoài ra, chủ đề cũng được mở rộng từ những chủ đề điều gần gũi mà người học thường gặp trong cuộc sống đến các lĩnh vực chuyên môn như: xã hội, giáo dục, ngôn ngữ, văn hóa, kinh tế, quốc tế, môi trường, khoa học, v.v.. Thông qua việc đọc những đoạn văn này, người học sẽ học được khối lượng từ vựng ở các lĩnh vực khác nhau.

III. Đối tượng và cách sử dụng

Cuốn sách này lấy đối tượng là những người học từ nửa sau trung cấp đến cao cấp. Có thể nói nó tương đương từ N2 đến N1 của trình độ "Kỳ thi Năng lực tiếng Nhật". Vì vậy, chữ Kana sẽ được viết chua lên những chữ Hán, từ vựng được cho là khó đối với người học ở trình độ này.

Cuốn sách này người học có thể dùng để tự học một mình và cũng có thể sử dụng trong giờ học trên lớp.

Đề bài có hình thức giống với "Đề đọc hiểu tiếng Nhật" của "Kỳ thi Du học Nhật Bản", người học là những người chuẩn bị thi từ trình độ nửa trung cấp trở đi có thể sử dụng. Đặc biệt, Phần 3 sẽ trở thành phần luyện tập tốt cho "Kỳ thi Du học Nhật Bản" nếu bạn thử sức làm nó trong vòng 40 phút.

Ngoài mục đích thi cử ra, cuốn sách này còn có thể sử dụng như là sách luyện đọc theo kiểu đọc một bài văn ngắn và nắm bắt ngay xem nó viết về cái gì.

Hơn hết, bạn hãy luyện tập thử đọc mỗi ngày một đề, thử định ra số phút phải hoàn thành cho một đề, đo thời gian và đọc.

読解ストラテジー

私たちは、毎日いろいろなものを読んでいます。教科書やレポート、論文だけでなく、家では新聞や雑誌の記事を読みますし、また休みの日には好きな小説なども読みます。このような文章を読むとき、そこに何が書いてあるのか、書いた人は何が言いたいのかなど、文章の始めから終わりまで、意味をよく考えながらていねいに読むことが多いでしょう。

でも、私たちが読むのは、このような文章ばかりではありません。学校の時間割表や掲示板のお知らせを見たり、新聞のテレビ番組欄で面白そうな番組を探したり、またパンフレットの中から自分のほしいものを探したりするときも、「読む」ということをしています。こんなとき、私たちは、始めから終わりまで全部を細かくていねいに読んだりはしません。自分に必要な情報だけを探して読んでいるはずです。つまり、必要でない部分は見ないで、必要なところだけを拾って読んでいるのです。このような読み方も、一つの大切な「読み方」です。

このように、何かを「読む」というときには、「何を」「どんな目的で」読むかによって、「どう」読むのかも当然違ってきます。だれでも自分の国の言葉で読むときには、自然にその内容や読む目的によって、一番いい読み方をしているのですが、外国語で読むときはどうでしょうか。知らない言葉があると、それが気になって前に読み進めないとか、いっしょうけんめい最後まで読んだけれど、結局何が書いてあったかわからなかったということはありませんか。

教科書や論文、新聞の記事など、少し長い文章を読むときに大切なことは、その文章全体で何を言っているか、つまり「大意をつかむ読み方」をすることです。そして、その中でも特に大切なところを「精読」、つまり細かくていねいに読むことです。そのとき、文章全体の意味をつかむのに大きなヒントとなる「キーワード」を見つけることが、こういう読み方では特に大切です。一方、テレビ番組欄やパンフレットなどを読むときには、その全部を読む必要はありません。必要な情報がどこに書いてあるかを探して、そこだけを読むという「探し読み」をします。そのとき、少しぐらいわからない言葉があっても、それが必要な情報に関係のない部分だったら、そこは気にしないで読まなくてもいいのです。

ですから、何かを「読む」ときには、それを何のために読むのか、読んで何を知りたいのかということを考えてから、いろいろな読み方を使い分けることがとても大事です。ここで、そのようないろいろな読み方の練習をすれば、「読む」ということがもっとやさしく感じられるようになるでしょう。

Reading strategy

Every day we read many things. Besides texbooks, reports and papers (at school, the office, etc.), we read newspaper and magazine articles at home. On holidays, we also read novels for pleasure. When reading such material, we usually do so carefully from beginning to end while reflecting on the meaning, for instance, what is written and what the author wants to say.

However, this is but one category of reading. We also look at school class schedules and school bulletin board notices, look for shows in newspaper TV listings or things we want in pamphlets - this is a form of reading, too. In such cases, we do not read carefully from start to finish; we just seek needed information. In other words, we read only what is necessary and discard the rest. This is also an important form of reading.

Thus, when reading, how to do so varies based on what we read and our objective. When reading our own language, we naturally do it as best we can according to contents or purpose, but what about reading a foreign language? Have you ever had the experience of coming across an unfamiliar word, and, because it bothers you, not being able to continue reading, or reading with all one's effort to the end of a passage, but, finally still not understanding what was written?

When reading a lengthy passage such as in a textbook, paper, newspaper article or the like, it is vital to grasp the meaning of the entire text; catch the drift and intensively read what is particularly important, in other words, to read in detail and carefully. This kind of reading makes it especially important to find keywords that give hints for grasping the meaning of the entire text. Conversely, when reading TV listings, pamphlets, etc., you need not read the whole text. You need merely "seek and read," which means looking for the necessary information and reading only that. In this case, even though you find a few unknown words, you need not read them with concern unless they are germane to the information sought.

Consequently, when reading, it is important to choose the manner in which to read while considering what to read and what you wish to gain from it. If you practice the various different ways of reading in this book, you will find reading much easier.

读解策略

我们每天都在读各种各样的文章。除了教科书、报告、论文，在家读报纸和杂志的报道、假日也会读一些喜欢的小说等。读这些文章时，我们一般都会从头到尾一边思考着“文章中写了什么”“作者想要说什么”等，一边仔细地来阅读。

然而，我们平时读的并不只是这类文章。看学校的课程表、布告牌上的通知，在报纸的电视节目表上寻找有趣的节目，或者在宣传小册子里寻找自己想要的东西，这些也都是“读”。这时，我们往往不会从头到尾仔细地读，而是只找自己需要的信息读。也就是说没有需要的部分不读、不看，只拣需要的地方读、看。这也是一种重要的“读法”。

这样，“读”的时候，由于“读什么”、“读的目的是什么”不同，“怎样”读当然也不同。使用母语时，人们自然都会根据内容和目的选择最为恰当的方法来读。但是使用外语时会怎样呢？是否有遇上不懂的单词就读不下去，或是虽然坚持读到最后，却不知文中究竟写些什么的现象呢？

读教科书、论文和新闻报道等较长的文章时，重要的是要知道文章中主要说些什么，也就是用“抓住大意的读法”。然后，针对其中特别重要的地方“精读”，即仔细认真地读。此时，找出能提示整篇文章概要的“关键词”，在这种读法中特别重要。另外，读、看电视节目表和宣传小册子等的时候，则没有必要全部读。用“寻找读法”找出写有所需信息的内容来读。这时，即使有一些不懂的单词，如跟所需信息无关，亦可不必介意。

因此，在读的时候，要先考虑读的目的是什么、读了以后想要知道什么，然后选择使用各种读法是很重要的。在这里，如能利用本书来进行各种读法的练习，就一定会感觉到“读”变得比较容易了。

독해 전략

우리들은 매일 다양한 종류의 글을 읽고 있습니다. 교과서, 리포트, 논문 뿐만 아니라 집에서는 신문과 잡지의 기사를 읽으며 또한 휴일에는 좋아하는 소설 등도 읽습니다. 이와 같은 문장을 읽을 때 거기에 무슨 내용이 쓰여 있으며, 쓴 사람은 무엇을 말하려고 하는지 등 글의 첫 부분부터 마지막까지 의미를 잘 생각하면서 신중하게 읽는 경우가 많을 것입니다.

그렇지만 우리들이 읽는 글은 이와 같은 글 뿐만은 아닙니다. 학교의 시간표와 게시판의 알림글을 보거나, 신문의 텔레비전 프로그램 편성란을 보고 재미있을 것 같은 프로그램을 찾거나, 또는 팸플릿 속에서 자신이 원하는 것을 찾을 때에도「읽기」를 하고 있습니다. 이럴 때 우리들은 처음부터 끝까지 전부를 자세하게 신중히 읽지는 않습니다. 당연히 자신에게 필요한 정보만 찾아서 읽을 것입니다. 즉 필요하지 않은 부분은 읽지 않고 필요한 부분만 골라 읽고 있는 것입니다. 이렇게 읽는 방법 역시 중요한「독해법」의 하나입니다.

이처럼 무엇인가를「읽는다」라고 할 때에는「무엇을」「어떤 목적으로」읽는가에 따라「어떻게」읽을 것인가 하는 점 역시 당연히 달라지게 됩니다. 누구든지 자신의 모국어로 글을 읽을 때에는 자연스럽게 그 내용과 읽는 목적에 따라 가장 적합한 독해법을 택하고 있습니다. 그러나 외국어를 읽을 경우에는 어떨까요? 모르는 단어가 있으면 그것에 신경이 쓰여 계속 읽어 나가지 못하거나 열심히 마지막까지 읽어도 결국에는 무슨 내용이 적혀 있는지를 알지 못하는 그런 경우는 없습니까?

교과서, 논문, 신문 기사 등 다소 긴 문장을 읽을 때 중요한 점은 그 문장 전체에 무슨 내용이 적혀 있는가, 즉「대의를 파악하는 독해법」을 하게 됩니다. 그리고 그중에서도 특히 중요한 부분을「정독」, 즉 자세히 신중하게 읽게 됩니다. 그때 문장 전체의 의미를 파악하는데 큰 힌트가 되는「키워드」를 찾아내는 일이 이러한 독해법에서는 특히 중요합니다. 그러나 텔레비전의 프로그램 편성란이나 팸플릿 등을 읽을 때에는 전체를 읽을 필요는 없습니다. 필요한 정보가 어디에 적혀 있는가를 찾아내 그것만 읽는「골라 읽기」를 하게 됩니다. 이 때에는 조금 잘 모르는 단어가 있어도 그것이 필요한 정보와 관계가 없는 부분이라면 거기에 신경을 쓰지 않고 읽어도 무방합니다.

그러므로 무엇인가를「독해」할 때는 그것을 무슨 목적으로 읽는가, 읽고 난 뒤에 무엇을 알려고 하는가 하는 점을 미리 생각을 한 뒤에 다양한 독해법을 적절하게 사용하는 일이 매우 중요합니다. 여기에서 그와 같은 다양한 독해법을 연습하게 되면「독해」가 훨씬 쉽게 느껴지게 될 것입니다.

Chiến lược đọc hiểu

Hàng ngày, chúng ta đang đọc rất nhiều thứ. Không chỉ có sách giáo khoa hay báo cáo, luận văn mà chúng ta đọc báo, tạp chí ở nhà hay đọc tiểu thuyết yêu thích vào những ngày nghỉ. Khi đọc những bài văn như thế, có lẽ phần lớn là chúng ta vừa đọc kỹ càng vừa ngẫm nghĩ về ý nghĩa của nó từ đầu đến cuối câu chuyện xem ở đó viết gì, người viết muốn nói điều gì, v.v..

Thế nhưng, những cái mà chúng ta đọc không chỉ toàn là những bài văn như thế. Chúng ta vẫn thực hiện cái gọi là "đọc" cả khi chúng ta nhìn thấy thời khóa biểu, bản thông báo yết thị trong nhà trường, khi tìm một chương trình nào đó có vẻ hay trong bản chương trình ti vi đăng trên báo, khi tìm những điều mình muốn biết từ một tờ rơi, v.v.. Những lúc như vậy, chúng ta không đọc chi tiết, kỹ càng toàn bộ từ đầu đến cuối. Chắc chắn chúng ta tìm và đọc chỉ những thông tin cần thiết cho mình. Tóm lại là những phần không cần thiết thì chúng ta không đọc mà chỉ nhặt những chỗ cần thiết để đọc. Cách đọc này cũng là một "phương pháp đọc" quan trọng.

Những lúc ta "đọc" một cái gì đó như vậy thì việc đọc "như thế nào?" đương nhiên sẽ khác đi tùy thuộc vào việc ta đọc "cái gì?" và "với mục đích như thế nào?". Khi ta đọc bằng ngôn ngữ của nước mình, như một lẽ tự nhiên chúng ta sẽ có cách đọc tốt nhất tùy theo nội dung bài văn và mục đích đọc nhưng nếu nó là ngôn ngữ nước ngoài thì sẽ thế nào? Nếu là một ngôn ngữ ta không biết thì phải chắc hẳn là chúng ta sẽ chùn bước và không đọc tiếp nữa hoặc cho dù có chịu khó đọc từ đầu đến cuối đi nữa kết cục cũng chẳng hiểu nó viết gì.

Điều quan trọng khi đọc một bài văn hơi dài dạng như sách giáo khoa hay luận văn, bài báo, v.v. là xem toàn thể bài văn đó nói cái gì, tóm lại là "cách đọc tóm đại ý". Và kế tiếp là việc "đọc tinh" tức là đọc kỹ càng chi tiết những chỗ đặc biệt quan trọng ở trong đó. Khi đấy, việc tìm ra những "từ khóa", nút khơi gợi lớn để ta nắm được ý nghĩa của toàn bộ bài văn, là hết sức quan trọng trong phương pháp đọc này. Mặt khác, khi đọc những dạng kiểu như chương trình ti vi hay tờ rơi thì ta không nhất thiết phải đọc toàn bộ. Ta sẽ tìm xem những thông tin quan trọng được viết ở chỗ nào và chỉ đọc chỗ đó. Đó là "Phương pháp tìm đọc". Những lúc đó, cho dù có những từ ta không thật sự hiểu lắm nhưng nếu chúng là phần không liên quan đến thông tin cần thiết thì ta có thể bỏ qua không cần đọc cũng được.

Vì vậy, khi "đọc" một cái gì đó thì quan trọng là phải nghĩ xem đọc nó để làm gì, bạn đọc để muốn biết cái gì rồi áp dụng thành thạo nhiều cách đọc khác nhau là hết sức quan trọng. Do đó, nếu chúng ta rèn luyện để có được nhiều phương pháp đọc khác nhau như thế thì có lẽ bạn sẽ cảm thấy cái việc gọi là "đọc" sẽ trở nên dễ dàng hơn.

パート I

「例題と解説」編

セクション１　お知らせ、グラフなどから必要な情報を探す読み方

セクション１ではお知らせやグラフなどから必要な情報を探し出す練習をしましょう。わたしたちは、お知らせやグラフを見るとき、必要な部分や興味(きょうみ)を持った部分に注意して見ています。

〈Section 1〉 Reading to gain necessary information from notices, graphs, etc.

In Section 1, we will practice how to gain necessary information from notices and graphs. When we look at them, we should look for the parts we think necessary or of interest.

〈第 1 项〉 从通知、图表等中找出所需信息的阅读方法

在第 1 项，让我们来进行从通知、图表等中找出自己所需信息的练习吧。在看通知或图表时，注意看自己需要或感兴趣的部分。

〈섹션 1 〉 알림글, 그래프 등에서 필요한 정보를 찾는 독해

섹션 1에서는 알림글이나 그래프 등에서 필요한 정보를 찾아 내는 연습을 합시다. 우리는 알림글이나 그래프를 볼 때, 필요한 부분이나 흥미가 있는 부분에 주의를 하면서 봅니다.

〈Section 1〉 Phương pháp đọc tìm những thông tin cần thiết từ bản thông báo, đồ thị. v.v.

Ở Section 1 chúng ta sẽ cùng nhau luyện tìm ra thông tin cần thiết từ những thông báo, đồ thị, v.v.. Khi xem thông báo hay đồ thị, chúng ta chú ý nhìn vào những phần cần thiết và những phần ta đang quan tâm.

問1　これは大学の集中講座の案内です。この講座はどんな学生が受講できますか。

履修(りしゅう)の手引き・授業内容

講座名：　コンピュータスキルズ
講師：　山本明
単位数：　前期集中2単位
履修年次：1・2年
期間：　9月12日～9月14日の3日間
　　　　各日1時限～5時限（全15時限）
教室：　大山キャンパス2号館213号室

現代の情報社会では、コンピュータ処理能力が欠かせません。本講座では、インターネットを利用した情報収集と、WordやExcelを使っての情報処理技術、文書作成の初歩を学ぶことを目的とします。コンピュータ教室での演習を中心に行います。

＊ 情報学入門を受講した者が履修できます。
＊ テキスト：毎回ハンドアウトを配付します。
　Web pageにて公開　http://www.ocu.ac.jp/a-yamamoto

1．1～4年の受講したい学生です。
2．WordやExcelのテキストを買った学生です。
3．情報学入門の講座をすでに受けた学生です。
4．9月12日から14日までのいずれか1日出られる学生です。

問１の解法

問１はこの講座をどんな学生が受講できるか聞いています。まず四つの選択肢をざっと見ておきましょう。それから講座の案内を見て、選択肢の中の言葉に関係のある情報を探すようにします。「履修(りしゅう)年次：１・２年」「３日間」「情報学入門を受講した者が履修できます」「テキスト：毎回ハンドアウトを配付します」がこの問題に答えるのに必要な情報だということがわかるでしょう。

それでは答えの選択肢を見ていきましょう。

１番：履修年次は１・２年となっていますから、１～４年の学生と書いてある１番は正解ではありません。

２番：テキストについては「ハンドアウトを配付します」と書いてありますから、テキストを買うと書いてある２番は正解ではありません。

３番：情報学入門の講座については、「受講した者が履修できる」と書いてあります。

４番：期間についてはどう書いてありますか。「３日間」、そしてその下に「各日」、つまり毎日５時限、全15時限、とありますから、「９月12日から14日までのいずれか１日」だけでは受講できません。

ということで、正しい答えは３番です。

Solving Question 1

Question 1 asks what students are allowed to take the course. Let us glance through the four choices. Then, looking at the course introduction, try to look for information connected to words included in the choices. We will find that the information necessary to answer the question is "履修年次：１・２年 (Expected students: first- or second-academic year)," "３日間 (three days)," "情報学入門を受講した者が履修できます (The course is available to students who have already taken the introductory Information Science course)" and "テキスト：毎回ハンドアウトを配付します (Textbook: Handouts will be given out each time)"

Next, let us examine the possible answers.

No. 1: As expected students are in the first- or second-academic year, No. 1, saying that students are in the first to fourth academic years, is wrong.

No. 2: Regarding textbooks, as "ハンドアウトを配付します (handouts will be given out)" is shown, No. 2, saying that students will buy the textbook, is wrong.

No. 3: Regarding the introductory Information Science course, the text says that "受講した者が履修できる (the course is available to students who have already taken that course)."

No. 4: What does the text say about the class schedule? As it says "３日間 (three days)," and "各日 (per day)" on the next line, five classes per day and fifteen classes in total, students who are only able to attend for "９月12日から14日までのいずれか１日 (one day during the said period i.e., from Sept. 12 to 14)" cannot take part.

Accordingly, the correct answer is No. 3.

问题 1 的解答方法

问题 1 是在问哪些学生可以听这个讲座。先大略看一下 4 个选择答案，然后再看讲座介绍，从中寻找与选择答案有关的部分。于是，得知回答这一问题需要的信息是“履修年次：１・２年（可以选修的年级：1、2年级）”；“３日間（三天）”；“情報学入門を受講した者が履修できます（听过情报学入门课的学生可以选修）”；“テキスト：毎回ハンドアウトを配付します（教材：每次发讲义）”。

好，下面我们来看选择答案吧。

1．可以选修的年级为 1、2 年级，因此写着 1 ～ 4 年级学生的答案 1 是不正确的。

2．关于教材，通知上面写的是“ハンドアウトを配付します（发讲义）”，因此写着购买教材的答案 2 也不正确。

3．关于情报学入门的讲座，通知上面写的是“受講した者が履修できる（听过讲座的人可以选修）”。

4．关于期间是怎样写的呢？ 通知上是“３日間（三天）”，而且下面写着“各日（每天）”，即每天 5 节课，一共 15 节课。因此不能只选“９月 12 日から 14 日までのいずれか１日（９月 12 号至 14 号其中的一天）”听课。

因此，正确答案是３。

문1의 해독법

문1에서는 이 강좌를 어떤 학생이 수강할수 있는가를 묻고 있습니다. 우선 4개의 선택항을 전체적으로 훑어 둡시다. 그리고 강좌 안내를 보고, 선택항 속의 말과 관계가 있는 정보를 찾도록 합시다.「履修年次：１・２年 (이수연차: 1・2학년)」「３日間 (3일간)」「情報学入門を受講した者が履修できます (정보학 입문을 수강한 자가 이수할 수 있습니다)」「テキスト：毎回ハンドアウトを配付します (교재: 매회 프린트를 배부합니다)」가 이 문제에 답하는데 필요한 정보라는 것을 알 수 있겠죠.

그러면 답의 선택항을 봅시다.

1번: 이수연차는 1・2학년으로 되어 있기 때문에 1~4학년이라고 적혀 있는 1번은 정답이 아닙니다.

2번: 교재에 대해서는「ハンドアウトを配付します (프린트를 배부합니다)」라고 적혀 있기 때문에 교재를 산다고 적혀 있는 2번은 정답이 아닙니다.

3번: 정보학 입문의 강좌에 대해서는「受講した者が履修できる (수강한 자가 이수할 수 있다)」라고 적혀 있습니다.

4번: 기간에 대해서는 어떻게 적혀 있습니까?「３日間 (3일간)」, 그리고 그 밑에「各日 (하루하루)」, 즉 매일 5시간, 전부 15시간 이라고 되어 있기 때문에「９月 12 日から 14 日までのいずれか１日 (9월12일~14일 중의 어느 하루)」만으로는 수강을 할 수 없습니다.

그러므로 정답은 3번 입니다.

Lời giải câu 1

Câu 1 hỏi rằng, những sinh viên như thế nào có thể tham gia giờ học này. Trước tiên, chúng ta hãy xem qua một lượt 4 phương án trả lời. Sau đó xem hướng dẫn về giờ học và cố gắng tìm những thông tin liên quan đến những từ trong các phương án trả lời. Có lẽ ta sẽ nhận ra "履修年次：1・2年 (Năm khóa: năm thứ 1, năm thứ 2)", "3日間 (3 ngày)", "情報学入門を受講した者が履修できます" (Những ai đã học Nhập môn thông tin có thể theo học)", "テキスト：毎回ハンドアウトを配付します (Tài liệu giáo trình: phát tài liệu phát tay ở mỗi buổi học)" sẽ là những thông tin cần thiết để trả lời cho bài này.

Sau đây chúng ta hãy cùng xem các phương án câu trả lời.

Phương án 1: Năm khóa là năm thứ nhất và năm thứ hai nên phương án 1 ghi sinh viên năm thứ 1~4 không phải là đáp án đúng.

Phương án 2: Về tài liệu giáo trình có ghi là "ハンドアウトを配付します (phát tài liệu phát tay)" nên phương án 2 ghi mua tài liệu giáo trình cũng không phải là đáp án đúng.

Phương án 3: Về giờ học Nhập môn thông tin có ghi là "受講した者が履修できる (những ai đã học có thể theo học)".

Phương án 4: Có viết gì về thời gian học? "3日間 (3 ngày)", và dưới đó có ghi là "各日 (các ngày)", tóm lại là có 5 tiết mỗi ngày, toàn bộ là 15 tiết cho nên chỉ có " 9月12日から14日までのいずれか1日 (một ngày bất kỳ từ ngày 12 đến ngày 14 tháng 9)" sẽ không thể theo học.

Vì vậy, đáp án đúng là phương án 3.

問 2

留学生のヤンさんが大学の学生生活課にアパートを紹介してもらおうと思って申込書を書きました。学生生活課ではどのアパートを紹介しますか。

<アパート申込書>

氏名：（ ジョン ヤン ）

所属：（ 社会 ）学部 （1）年

学籍番号：（ 0408G31 ）

アパートの希望

・駅から {徒歩／バス} （ 5 ）分以内

・設備：{風呂／トイレ／台所} あり

・部屋：{和室／洋室}

・家賃：{3万円まで／4万円まで／5万円まで／5万円以上も可}

No.	アパート名	家賃	間取り	交通
1	さくら荘	4.5万	和室、*K、風呂・トイレ	駅から徒歩3分
2	東京ハイツ	4.0万	洋室、K、風呂・トイレ	駅から徒歩5分
3	Nハウス	3.0万	洋室、風呂・トイレ	駅からバス5分
4	パークビュー	3.5万	洋室、風呂・トイレ	駅から徒歩4分
5	国際会館	5.0万	和室1、洋室1、風呂・トイレ	駅からバス3分

＊K：小さな台所

1．さくら荘です。

2．東京ハイツかパークビューです。

3．Nハウスかパークビューです。

4．東京ハイツか国際会館です。

問3

次の文章とグラフからどんなことがわかりますか。

食事のとき、テーブルの上に並んでいるのは、好きなおかずだけではありません。あまり好きではない、つまり苦手(にがて)なおかずもあると思います。

2048人の読者モニターに、「好きなおかずを最初に食べますか」、「好きなおかずは残しておいて最後に食べますか」、という質問をして、それぞれその理由も聞きました。その結果が以下のグラフです。

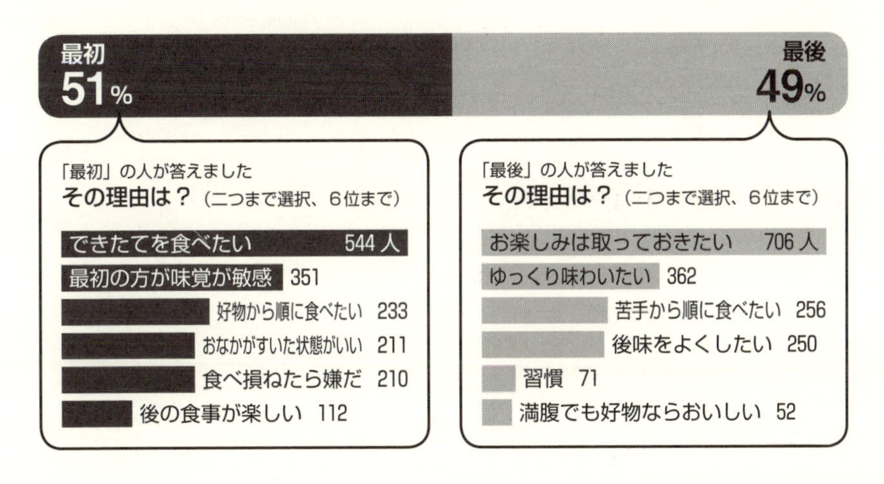

（朝日新聞2016年5月7日より）

1. 好きなおかずを「最初」または「最後」に食べる理由を一つだけ答えてもらう調査をした。
2. 好きなおかずを「最初」に食べる人のほうが、「最後」に食べる人よりずっと多かった。
3. 好きなおかずは「最後」と答えた人の中で、習慣だから、という理由をあげた人は一番少なかった。
4. 好きなおかずは「最初」と答えた人の理由で最も多かったのは、料理ができたらすぐに食べたいから、だった。

セクション2　文章から必要な情報を探す読み方

セクション２では、文章を読んでその中から必要な情報を探し出す読み方を練習します。セクション１で、お知らせやグラフの中から必要な情報を読み取る練習をしましたが、文章の場合も同じように、必要な情報を得るために文章全部を読む必要はありません。知りたい情報を得るために必要な部分だけを文章の中から探して、そこに注意して読めばいいのです。

〈Section 2〉 Reading to gain necessary information from texts

In Section 2, we will practice how to gain necessary information from reading texts. In Section 1, we did practices for gaining necessary information from notices and graphs. Similarly, with texts, we don't need to read all the text to gain the necessary information. We only need to read carefully the parts necessary to gain the information we want to know from the text.

〈第 2 项〉 从文章中找出自己所需信息的阅读方法

在第 2 项，让我们来进行看文章从中找出所需信息的练习吧。在第 1 项，我们进行了从通知或图表中找出自己所需信息的练习，看文章时也是一样，找自己需要的信息并不需要将文章通读一遍。要得到自己想知道的信息，只要先从文章中将需要的部分找出来，然后再仔细看这一部分就可以了。

〈섹션 2〉 문장에서 필요한 정보를 찾는 독해

섹션 2에서는 문장을 읽고 그 안에서 필요한 정보를 찾아내는 독해를 연습합니다. 섹션1에서 알림글이나 그래프에서 필요한 정보를 읽어 내는 연습을 했습니다만, 문장의 경우도 마찬가지로 필요한 정보를 얻기 위해서 문장 전부를 읽을 필요는 없습니다. 알고 싶은 정보를 얻기 위해서 필요한 부분만을 문장 안에서 찾아 그것에 주의 하면서 읽으면 됩니다.

〈Section 2〉 Phương pháp đọc tìm những thông tin cần thiết từ bài văn

Ở Section 2, chúng ta sẽ đọc bài và luyện cách đọc tìm ra những thông tin cần thiết. Ở Section 1, chúng ta đã luyện đọc lấy thông tin cần thiết từ thông báo, đồ thị còn trường hợp một bài luận cũng giống như vậy, chúng ta không nhất thiết phải đọc toàn bộ bài để lấy được những thông tin cần thiết. Chúng ta nên tìm trong bài chỉ những phần cần thiết để lấy thông tin muốn biết và tập trung sự chú ý vào những chỗ đó để đọc.

問４ 次の文章は「音」について書かれています。内容と合っているものはどれですか。

家事や家電製品が発する音は、硬い板張りの床や壁に反響して、閉めきった部屋でさらに音を増幅させる。子供時分の畳、ふすま、障子で囲まれた室内は今より静かだった。

そういえば、家で耳にする音の変化は、季節感にもあらわれる。以前は夏になると、窓に風鈴をつるしていたが、近所迷惑かと思いはずした。昔は縁側の向こうから聞こえてくる虫の声や、田舎だと遠くの田んぼから耳に届く怖いほど大きなカエルの鳴き声が、季節の移ろいを感じさせてくれた。現代ではカラスが年中うるさく鳴いているくらいで、夏も冬もない。

と、ひとり嘆いていると、ある物音に気づいた。冷蔵庫の製氷器だ。新しく生まれた氷が、製氷庫にたまった氷に落ちてぶつかりボコボコというくぐもった音をたてる。私はなぜかこの音が好きだ。あたりが寝静まった夜、原稿を書いているとき、ふと耳にすると「律義に働いているんだな」と、ちょっとうれしくなる。しかしわが家では、冬に氷を使うことはあまりなく、製氷器もなかば休業する。これからこの音を耳にすることも少なくなるだろう。

考えてみると、冷蔵庫から聞こえてくる氷の音が、家の中で季節の移ろいを感じさせる唯一の音というわけだ。

（藤原智美「作家藤原智美　Spice」読売新聞2016年9月28日より）

1．昔、遠くの田んぼから聞こえたカエルの鳴き声と同様に、カラスの鳴き声はうるさいが、今ではその声（「音」）に季節を感じている。

2．冷蔵庫などの家電製品は確かにうるさいが、家の中で耳にする「音」は昔より今の方が静かだと感じている。

3．昔は縁側の向こうから聞こえる虫の声などに季節を感じたが、今は冷蔵庫から聞こえる「音」に季節を感じている。

4．昔も今も夏になると、窓につるした風鈴の「音」と、冷蔵庫の製氷器でできた氷がぶつかりあう「音」に季節を感じている。

問４の解法

問４は、「音」について書かれた文章です。さて、筆者が言っている内容と合っているものを答えるためには、この文章にはどんな音（何が発する音か）が登場するかを見ていく必要があります。そこで、始めから読んでいくと、１行目「家事や家電製品の音」、５行目「風鈴（ふうりん）の音」、６行目「虫の声」、６～７行目「カエルの鳴き声」、７行目「カラスの鳴き声」、９～10行目・15行目「冷蔵庫の氷の音」が挙（あ）がります。

また、時間を表す言葉にも注意が必要です。なぜなら、選択肢のすべてに「昔」と「今」という言葉が対比する形で出てくるからです。本文には「昔」は５行目、「今」は２行目にあり、「昔」と同義（どうぎ）で使われている「以前」が４行目、「今」と同義で使われている「現代」が７行目にあることがわかります。

それでは、答えの選択肢を見てみましょう。

１番：７～８行目に「現代ではカラスが年中うるさく鳴いているくらいで、夏も冬もない。」とありますから、「今ではその声（＝カラスの鳴き声）に季節を感じている」が違います。

２番：２～３行目に「子供時分の……室内は今より静かだった。」とありますから、「家の中で耳にする『音』は昔より今の方が静かだと感じている」が違います。

３番：５～６行目に「昔は縁側（えんがわ）の向こうから聞こえてくる虫の声や、……」とあり、「今」のことを書いている９行目以下を読んでいくと、15行目の「冷蔵庫から聞こえてくる氷の音が、家の中で季節の移ろいを感じさせる唯一（ゆいいつ）の音というわけだ」とありますから、本文の内容と合っています。

４番：４～５行目に「以前は夏になると、窓に風鈴をつるしていたが、……」とありますから、「昔も今も夏になると、窓につるした風鈴の『音』……に季節を感じている」が違います。

ということで、正しい答えは３番です。

Solving Question 4

Question 4 is about "音 (sounds)". In order to choose the response that matches what the author has written, it is necessary to see what sounds there are (what makes the sounds). Reading from the beginning, the sounds mentioned are "家事や家電製品の音 (sounds of housework and household electrical appliances)" in line 1, "風鈴の音 (sound of a wind chime)" in line 5, "虫の声 (chirping of insects)" in line 6, "カエルの鳴き声 (croaking of frogs)" in line 6 - 7, "カラスの鳴き声 (cawing of crows)" in line 7 and "冷蔵庫の氷の音 (sound made by ice in a refrigerator)" in line 9 - 10 and line 15.

It is also necessary to pay attention to words that express time. This is because all the answer choices contain "昔 (in the past)" and "今 (now)", used contrastively. "昔 (in the past)" appears in line 5 of the text and "今 (now)" in line 2, and "以前 (before)" appears in line 4 with the same meaning as "昔 (in the past)" and "現代 (nowadays)" appears in line 7 with the same meaning as "今 (now)".

Let us examine the possible answers.

No. 1: As it says, "現代ではカラスが年中うるさく鳴いているくらいで、夏も冬もない。 (Nowadays the only sound that you can hear is that of crows cawing noisily all year round so there is no feeling of summer or winter.)" in line 7 - 8, which is different from "今ではその声（＝カラスの鳴き声）に季節を感じている (now you can sense the season from their sound (i.e. the sound of crows cawing)".

No. 2: As it says, "子供時分の……室内は今より静かだった。(When I was child rooms that……were quieter than they are now.)" in line 2 - 3, which is different from "家の中で耳にする「音」は昔より今の方が静かだと感じている (Regarding sounds that you can hear in a house, I feel that it is quieter now than it was in the past)".

No. 3: In line 5 - 6, it says, "昔は縁側の向こうから聞こえてくる虫の声や、…… (In the past, the sounds of insects chirping that you could hear from beyond the verandah and……)". Reading what it is written about "今 (now)" from line 9 onwards, in line 15 it says "冷蔵庫から聞こえてくる氷の音が、家の中で季節の移ろいを感じさせる唯一の音というわけだ (the sound made by ice from the refrigerator is the only sound from which you can sense what season it is)" so this matches the content of the text.

No. 4: In line 4 - 5 it says, "以前は夏になると、窓に風鈴をつるしていたが、…… (Before, when summer arrived, we hung a wind chime in the window, but……)" which is different from "昔も今も夏になると、窓につるした風鈴の「音」……に季節を感じている (In the past you could sense the season from the sound of a wind chime hanging in the window…… and you can now too)".

Accordingly, the correct answer is No. 3.

问题 4 的解答方法

问题 4 是写关于"音（声音）"的文章。为了得到与作者所写内容相符的回答，需要先来看一下文章中都有什么样的声音（什么发出的声音）登场。从文章的开始往下看，写到的声音第 1 行是"家事や家電製品の音（做家务、家电的声音）"，第 5 行是"風鈴の音（风铃的声音）"，第 6 行是"虫の声（昆虫的叫声）"，第 6 ～ 7 行是"カエルの鳴き声（青蛙的叫声）"，第 7 行是"カラスの鳴き声（乌鸦的叫声）"，第 9 ～ 10 行以及第 15 行是"冷蔵庫の氷の音（冰箱里冰的响声）"。

另外，表示时间的词汇也要注意。因为所有的选择答案中，"昔（过去）"和"今（现在）"这对词汇都是以对比的形式出现的。在本文中，"昔（过去）"出现在第 5 行，"今（现在）"出现在第 2 行。而作为"昔（过去）"的同义词使用的"以前（以前）"出现在第 4 行，作为"今（现在）"的同义词使用的"現代（现代）"出现在第 7 行。

好，让我们来看一下选择答案吧。

1．在第 7 ～ 8 行中写有"現代ではカラスが年中うるさく鳴いているくらいで、夏も冬もない。（在现代，听到的只是乌鸦一年到头叫得吵人，没有夏天，也没有冬天。）"，因此"今ではその声（＝カラスの鳴き声）に季節を感じている（现在，从那叫声（＝乌鸦的叫声）中感到了季节的变化）"与本文内容不符。

2．在第 2 ～ 3 行中写有"子供時分の……室内は今より静かだった。（孩子时……的屋子里比现在安静。）"，因此"家の中で耳にする「音」は昔より今の方が静かだと感じている（觉得在家里听到的声音，与过去相比，现在更为安静）"与本文内容不符。

3．在第 5 ～ 6 行中写有"昔は縁側の向こうから聞こえてくる虫の声や、……（过去，从走廊对面传来的昆虫的叫声、……）"，从写"今（现在）"的事情的第 9 行往下看，在第 15 行有"冷蔵庫から聞こえてくる氷の音が、家の中で季節の移ろいを感じさせる唯一の音というわけだ（从冰箱中传来的冰的响声应该是在家中能让人感到季节变化的唯一声音）"，因此与本文的内容相符。

4．在第 4 ～ 5 行写有"以前は夏になると、窓に風鈴をつるしていたが、……（以前一到夏天，就会在窗上挂起风铃，但……）"，因此"昔も今も夏になると、窓につるした風鈴の「音」……に季節を感じている（无论是过去，还是现在，一到夏天就在窗上挂起的风铃的声音……会让人感到季节的变化）"与本文内容不符。

因此，正确答案是 3 。

문4의 해독법

문4 는「音 (소리)」에 대해 적은 문장입니다. 그러면 필자가 말하고 있는 내용과 부합하는 답을 찾기 위해서는 이 문장에서 어떤 소리 (무엇이 내는 소리인지) 가 등장 하는지를 보아 둘 필요가 있습니다. 그래서 처음부터 읽어 나가면 1 번째 줄에「家事や家電製品の音 (집안일 소리나 가전제품의 소리)」, 5 번째 줄에「風鈴の音 (풍경소리)」, 6 번째 줄에「虫の声 (벌레 소리)」, 6~7 번째 줄에「カエルの鳴き声 (개구리 울음소리)」, 7 번째 줄에「カラスの鳴き声 (까마귀 울음소리)」, 9~10 째줄과 15 번째 줄에「冷蔵庫の氷の音 (냉장고 제빙소리)」를 들 수 있습니다.

또 시간을 나타내는 말에도 주의해야 합니다. 왜냐하면 모든 선택항에「昔 (옛날)」과「今 (현재)」라고 하는 말이 대비되는 형식으로 나오기 때문입니다. 본문에서 보면「昔 (옛날)」은 5 번째 줄,「今 (현재)」는 2 번째 줄에 나오고,「昔 (옛날)」과 같은 뜻으로 사용되고 있는「以前 (예전)」이 4 번째 줄,「今 (현재)」와 같은 뜻으로 사용되고 있는「現代 (현대)」가 7 번째 줄에 나온 것을 알 수 있습니다.

그러면 선택항을 봅시다.

1번 : 7~8 번째 줄에「現代ではカラスが年中うるさく鳴いているくらいで、夏も冬もない。(현대에는 까마귀가 연중 시끄럽게 우는 정도이며 여름도 겨울도 없다.)」라고 적혀 있으므로「今ではその声

(＝カラスの鳴き声)に季節を感じている (현재에는 그 소리 (＝까마귀 울음소리) 에 계절을 느끼고 있다)」라는 말은 틀립니다.

2번 : 2~3 번째 줄에「子供時分の……室内は今より静かだった。(어릴 때의……실내는 지금보다 조용했다.)」라고 적혀 있으므로「家の中で耳にする『音』は昔より今の方が静かだと感じている (집안에서 들려오는 소리는 옛날보다 현재가 더 조용하다)」라는 말은 틀립니다.

3번 : 5~6 번째 줄에「昔は縁側の向こうから聞こえてくる虫の声や、…… (옛날에는 툇마루 저편에서 들려오는 벌레 소리와……)」라고 적혀 있고,「今 (현재)」의 상태를 적은 9 번째 이하의 글을 읽어 나가면 15 번째의「冷蔵庫から聞こえてくる氷の音が、家の中で季節の移ろいを感じさせる唯一の音というわけだ (냉장고에서 들려오는 제빙소리가 계절이 바뀜을 느끼게 하는 집안의 유일한 소리이기 때문이다.)」라고 적혀 있으므로 본문의 내용과 일치합니다.

4번 : 4~5 번째 줄에「以前は夏になると、窓に風鈴をつるしていたが、…… (예전에는 여름이 되면 창가에 풍경을 달았지만……)」이라고 적혀 있으므로「昔も今も夏になると、窓につるした風鈴の『音』……に季節を感じている (옛날도 현재도 여름이 되면 창가에 달아 놓은 풍경소리……에 계절을 느낀다.)」라는 말은 틀립니다.

그러므로 정답은 3번입니다.

Lời giải câu 4

Câu 4 là bài văn viết về "音 (âm thanh)". Để có được câu trả lời phù hợp với nội dung mà tác giả đang nói cần thấy được trong bài văn này có những âm thanh nào (cái gì phát ra âm thanh đó) xuất hiện. Do đó, nếu đọc từ đầu thì ta sẽ thấy một loạt từ dòng thứ nhất "家事や家電製品の音 (tiếng làm việc nhà và tiếng đồ điện gia dụng)", dòng thứ 5 "風鈴の音 (tiếng chuông gió), dòng thứ 6 "虫の声 (tiếng côn trùng)", dòng thứ 6~7 "カエルの鳴き声 (tiếng ếch kêu)", dòng thứ 7 "カラスの鳴き声 (tiếng quạ kêu)", dòng thứ 9~10 và dòng thứ 15 "冷蔵庫の氷の音 (tiếng tủ lạnh chạy đá)". Ngoài ra, cần chú ý đến các từ chỉ thời gian. Bởi vì, trong tất cả các phương án câu trả lời đều xuất hiện cặp từ so sánh đối lập "昔 (ngày xưa)" và "今 (giờ đây)". Trong bài văn này ta thấy, "昔 (ngày xưa)" ở dòng thứ 5, "今 (giờ đây)" ở dòng thứ hai, "以前 (trước đây)" được sử dụng đồng nghĩa với từ "昔 (ngày xưa)" có ở dòng thứ 4, "現代 (hiện đại)" được sử dụng đồng nghĩa với từ "今 (giờ đây)" có ở dòng thứ 7.

Vậy sau đây, chúng ta hãy thử cùng xem các phương án câu trả lời!

Phương án 1: Ở dòng thứ 7~8 có ghi "現代ではカラスが年中うるさく鳴いているくらいで、夏も冬もない。(Ngày nay quạ kêu ầm ĩ suốt cả năm, không kể mùa đông hay mùa hè.)" Vì vậy, "今ではその声 (＝カラスの鳴き声) に季節を感じている (ngày nay, âm thanh ấy (= tiếng quạ kêu) khiến ta cảm nhận được về mùa.)" là sai.

Phương án 2: Ở dòng thứ 2~3 có ghi "子供時分の……室内は今より静かだった。(Trong căn nhà ...... thời ấu thơ yên tĩnh hơn bây giờ.)" nên "家の中で耳にする「音」は昔より今の方が静かだと感じている (“âm thanh” mà ta nghe thấy trong nhà cảm giác bây giờ yên tĩnh hơn ngày xưa) là sai.

Phương án 3: Ở dòng thứ 5~6 có ghi "昔は縁側の向こうから聞こえてくる虫の声や、…… (Ngày xưa, tiếng côn trùng nghe thấy từ phía bụi cây......)" và nếu ta đọc tiếp từ dòng thứ 9 trở đi về "今 (giờ đây)" sẽ bắt gặp ở dòng thứ 15 đoạn "冷蔵庫から聞こえてくる氷の音が、家の中で季節の移ろいを感じさせる唯一の音というわけだ (tiếng tủ lạnh chạy đá là âm thanh duy nhất khiến ta cảm nhận được sự chuyển mùa trong nhà)". Vì vậy, nó phù hợp với nội dung của bài văn.

Phương án 4: Ở dòng thứ 4~5 có ghi "以前は夏になると、窓に風鈴をつるしていたが、…… (Trước đây, hễ cứ đến mùa hè là mọi người lại treo chuông gió trước cửa sổ nhưng ....)" cho nên "昔も今も夏になると、窓につるした風鈴の「音」……に季節を感じている (Cả ngày xưa và cả bây giờ, cứ hễ mùa hè đến, âm thanh của “tiếng” chuông gió treo cửa sổ .... khiến ta cảm nhận được mùa là sai)".

Chính vì lẽ đó, câu trả lời đúng là phương án 3.

問５

「賞味期限」の説明として正しいものはどれですか。

「賞味期限」とは、容器包装を開封せず、指定された方法で保存した時に、おいしさなどの品質を十分に保つことができる期限。食品衛生法とＪＡＳ法で表示が義務づけられている。この期限を過ぎてもすぐに食べられなくなるというわけではなく、ある程度の期間の余裕をもって設定される。牛乳や冷凍食品、鶏卵など比較的傷みにくい食品が対象。調理パンや総菜、食肉など製造日から５日以内に品質が急に悪くなる食品は「消費期限」を表示している。

（朝日新聞 2004 年 2 月 23 日より）

1．「賞味期限」を１日でも過ぎた食品は、決して食べてはいけない。
2．牛乳や冷凍食品、鶏卵などには、「賞味期限」を表示することになっている。
3．「消費期限」は「賞味期限」とまったく同じ意味で使われている。
4．調理パンや総菜、食肉などは傷みやすいので、「賞味期限」を表示している。

問6

「セーチェノフ現象」の説明として正しいものはどれですか。

疲労について、たいへんおもしろい研究をした人に、ロシアの生理学者セーチェノフがいる。セーチェノフは、ノーベル賞を受賞したパヴロフの先生にあたる人だ。

当時、ロシアではのこぎりで木を切る作業が多かったのだと思うが、何時間も右手でのこぎりを引く動作をして、疲労のようすを研究したのだ。のこぎりの前に重りをぶらさげておいて、一回一回力を入れて引くという動作をする。何時間もこういう動作をつづけていると、とうぜん疲れてくる。そこで休む。そしてふたたび動作をくりかえす。

ところが、ある日、休んでいるときに、いたずらに、作業中使わなかった左手でのこぎりを引く動作をした。そうしたら、休憩(きゅうけい)後の作業がずいぶんはかどった。

疲れているときに休まないで、疲れていないほうの腕で作業をすると、疲れている腕の疲労が早く回復するということは、一般的には考えられないことだから、セーチェノフは何度も試してみた。しかし、やはりこのほうがじっと休んでいるよりも疲労の回復が早い。この不思議な現象を発見したセーチェノフをたたえて、このような現象を「セーチェノフ現象」と呼んでいる。

(正木健雄『新・いきいき体調トレーニング』岩波ジュニア新書より)

1．作業を休むときは、何もしないでじっとしているのが疲労回復のために最もいい。
2．右腕が疲れたときは休まないで、左腕で作業をつづけたほうが疲労の回復が早い。
3．作業中使った腕が疲れたときは休まないで、同じ作業を続けると、疲労が回復する。
4．のこぎりで木を切るときは、右手を使うより左手を使うほうが疲れにくい。

セクション3　対になっているキーワード

セクション3では、文章中の対になっているキーワードを手がかりに問題を解いていく方法を考えてみます。キーワードが「対になっている」というのは、反対の意味を持つ言葉が二つ出てくるという場合だけでなく、あるテーマについて代表的な物やことがらが二つあって、それらがいろいろな点で大きく違うという場合もあります。

「対になっている」ことを示す表現としては、「Aの場合は〜が、Bの場合は〜」や、「これに対して、〜」、「一方、Aでは〜」などがよく使われます。

〈Section 3〉Keywords that form a pairt

In Section 3, we consider the ways to solve questions using keywords forming a pair in the text. When the keywords "対になっている (form a pair)," we may think that two words with opposite meanings to each other appear there, or that there are two typical things or matters on a certain theme, but they are quite different in many respects.

The expressions meaning "対になっている (form a pair)" include "Aの場合は〜が、Bの場合は〜 (in the case of A 〜, and in the case of B 〜)," "これに対して、〜 (on the contrary, 〜)," and "一方、Aでは〜 (on the other hand, A 〜)," which are often used.

〈第3项〉相互对比的关键词句

在第3项中，让我们来想一下用文章里相互对比的关键词句作为线索来解答问题的方法。关键词句"対になっている（相互对比）"，不仅是指两个相反意思的词句出现的时候，并且还包括在同一个主题中出现两个具有代表性的事物，而它们在各个方面都存在着很大差异的情况。

作为"対になっている（相互对比）"的表现，常用的有"Aの場合は〜が、Bの場合は〜（A的情况〜，但B的情况〜）"、"これに対して、〜（对此，〜）"、以及"一方、Aでは〜（一方面，在A〜）"等等。

〈섹션 3〉짝을 이루고 있는 키워드

섹션3에서는 문장중에 짝을 이루고 있는 키워드를 실마리로 문제를 풀어 가는 방법을 생각해 봅니다. 키워드가「対になっている（짝을 이루고 있다)」라는 것은 반대 의미를 갖는 단어가 두개 나오는 경우만이 아니라 어떤 테마에 대해서 대표적인 물건이나 사항이 두개가 있어 여러가지 점에서 크게 다른 경우도 있습니다.

「対になっている（짝을 이루고 있다)」는 말을 나타내는 표현으로서는「Aの場合は〜が、Bの場合は〜（A의 경우는 ~이, B의 경우는 ~)」이나「これに対して、〜（이것에 대해서, ~)」,「一方、Aでは〜（한편, A에서는 ~)」등이 자주 쓰여집니다.

〈Section 3〉Từ khóa đối lập

Ở Section 3 chúng ta sẽ thử nghĩ phương pháp giải quyết đề bài theo từ khóa đối lập trong bài văn. Từ khóa "対になっている (đối lập)" không chỉ chỉ trường hợp có hai từ có đối nghĩa với nhau mà cả trường hợp có hai sự vật hoặc sự việc đại diện về một chủ đề nào đó có sự khác nhau lớn trên nhiều điểm.

Những cách nói chỉ sự việc "đối lập" có thể hay dùng như "Aの場合は〜が、Bの場合は〜 (Trường hợp A ~ còn trường hợp B ~)" hoặc "これに対して、〜 (Trong khi đó, ~)" hay "一方、Aでは〜 (Mặt khác, với A~)".

問7　筆者は、料理の初心者とプロの大きく違うところは何だと言っていますか。

最近、料理を趣味とする人が増えたが、初心者とプロとで一つ大きく違っていることがある。

初心者の場合は本や自分のレパートリーの中から、まず自分のつくりたいものを決め、必要な材料を買いにゆく。材料の中で一つでも手に入らないものがあれば、どこまでも探しにゆく。

これに対してプロの料理人は、まず市場をのぞきにゆくという。そしてその日に入荷した材料の中から良くて豊富な*シュンのものを見つけると、それを中心にして活かす料理の設計がそれから始まる。

初心者の場合は技術からの発想である。最初に手持の技術と設計があり、それに必要な資源を求める。これに対してプロのほうは、資源からの発想というべきであろう。最終目標についての大まかなイメージはあろうが、設計が初めからきまっているわけではない。まず手に入れられる資源を前提にして、それを活用するための技術がそれから決まるのである。

（加藤辿『資源からの発想』中公新書より）

*シュン（旬）：魚や野菜などがたくさんとれて、味が最も良いとき

1. 初心者はプロのように、市場に行って季節の新鮮な材料を選ぶことができない。
2. 初心者は自分の作りたいものを決めてその材料を買いに行くが、プロは材料を見て何を作るか考える。
3. プロは材料を探しにまず市場を見に行くが、初心者は家にある材料で何ができるか考える。
4. プロは良い材料がなければ料理を作らないが、初心者は材料が足りなくても料理を作ろうとする。

問７の解法

問７の文章のテーマは料理です。そして筆者は、料理を作るときに初心者とプロが大きく違うことは何かということを述べています。ですからこの文章で、「対になっているキーワード」はもちろん「初心者」と「プロ」だということがわかります。では、具体的にこの二つをどのように比べているでしょうか。

料理の場合、初心者とプロは当然いろいろなことが違うわけですが、ここではまず、何の料理を作るかという点を比べています。３～４行目に、初心者はまず「自分の作りたいものを決め」、それから「材料を買いにゆく」と書いてありますが、プロはどうでしょうか。プロについては６行目から書いてありますが、何を作るかということが具体的に書いてありません。その代わり、「まず市場をのぞきにゆく」と書いてあります。そして、さらに７～８行目に、「材料の中から、……見つけると、……料理の設計がそれから始まる」とあります。つまり、初心者とプロは、料理を始める前にすることが大きく違うということがわかりますね。

それでは、答えの選択肢を見てみましょう。

１番：本文には、初心者がプロのように市場で上手に材料を選ぶことができないと書いてありますか。そういうことは書いてありませんね。

２番：初心者とプロが、料理をする前にそれぞれまず何をするか、ということが書いてあります。

３番：本文には、料理の材料をどうするかの違いについて書いてありますが、初心者が家にある材料で料理をしようとするということは書いてありません。

４番：プロは良い材料で料理を作ろうとしますが、良い材料がなければ料理を作らないとは言っていません。また、初心者は材料が足りなくても料理を作るというのは、本文に書いてあることと反対です。

ということで、正しい答えは２番です。

Solving Question 7

The theme of the text in Question 7 is cooking. The writer talks about what is the biggest difference in cooking between beginners and professionals. Therefore, we will find that "対になっているキーワード (the keywords forming a pair)" are, of course, "初心者 (beginners)" and "プロ (professionals)". Then, how are the two keywords compared concretely?

Naturally, in terms of cooking, there is a difference in many things between beginners and professionals. Here, first of all, the text talks about what they cook. The text on the third and fourth lines say that beginners first "自分の作りたいものを決め (decide what they want to cook)," and then they "材料を買いにゆく (go and buy the ingredients)." How about professionals? The explanation about professionals is given on the sixth line and thereafter, but what they cook is not written about particularly. Instead, it is written in the text that they "まず市場をのぞきにゆく (drop in at the market)." On the seventh and eighth lines, they say that "材料の中から、……見つけると、……料理の設計がそれから始まる (when they have found ... from the ingredients, the cooking plan begins)." Hence, we will see that what is done before cooking is quite different between beginners and professionals.

Well, let us examine the possible answers.

No. 1: Is it written in the text that beginners cannot select ingredients at the market as well as professionals? There is no mention of it.

No. 2: What beginners and professionals do first before cooking respectively is written about.

No. 3: The difference in handling ingredients is written about in the text, but there is no mention of beginners trying to cook with ingredients stocked at home.

No. 4: It is written that professionals try to cook with good ingredients, but it doesn't say that they wouldn't cook without good ingredients. Additionally, the phrase that beginners cook even if the ingredients are not enough is opposite to what is written in the text.

Accordingly, the correct answer is No. 2.

问题 7 的解答方法

问题 7 的文章主题是做菜。作者写的是做菜时初学者和专家之间最大的不同是什么。因此，在这篇文章中，“対になっているキーワード（相互对比的关键词句）”自然是“初心者（初学者）”和“プロ（专家)”。那具体是怎样将这两者加以比较的呢？

做菜时，初学者和专家自然有很多不同，在这里，先就做什么菜这一点来进行比较。第 3 ～ 4 行中写到初学者一般先“自分の作りたいものを決め（定好自己想做的菜)”，然后再“材料を買いにゆく（去采购材料)”。而专家呢？ 关于专家是从第 6 行开始写的，但做什么菜没有具体写，只写了“まず市場をのぞきにゆく（先去市场看一下)”，然后在第 7 ～ 8 行中又写到“材料の中から、…… 見つけると、……料理の設計がそれから始まる（从材料中，找到……后，才开始考虑做什么菜)”。也就是说，由此可以得知，“初学者”和“专家”在开始做菜之前所做的事情有很大的不同。

好，让我们来看一下选择答案吧。

1．文章中写着初学者在市场挑选材料时不像专家那样内行了吗？ 没有，文章里没有这样写。
2．文章中写着初学者和专家在做菜以前分别先干什么。
3．文章中虽然写了关于选做菜用的材料时的不同，但没有写初学者想用家里的材料来做菜。
4．专家想用好材料做菜，但没写没有好材料就不做菜。另外，初学者即使材料不够也做菜这一点也与文章中所写的内容不符。

因此，正确答案是 2 。

문7의 해독법

문7의 문장에서는 테마가 요리입니다. 필자는 요리를 만들때 초심자와 프로가 무엇이 다른지를 설명하고 있습니다. 그렇기 때문에 이 문장에서「対になっているキーワード (짝을 이루고 있는 키워드)」는 물론「初心者 (초심자)」와「プロ (프로)」입니다. 그러면 구체적으로 이 두가지를 어떻게 비교하고 있을까요?

요리의 경우 초심자와 프로는 여러가지 점에서 당연히 틀립니다만 여기에서는 우선 무슨 요리를 만들것인가라는 섬에서 비교하고 있습니다. 3~4 번째 줄에 초심자는 우선「自分の作りたいものを決め (자기가 만들고 싶은것을 정하여)」「材料を買いにゆく (재료를 사러 간다)」라고 적혀 있습니다만, 프로는 어떨까요? 프로에 대해서는 6 번째 줄부터 적혀 있습니다만 무엇을 만들지에 대해서는 구체적으로 적혀 있지 않습니다. 그 대신에「まず市場をのぞきにゆく (우선 시장을 살펴 보러 간다)」라고 적혀 있습니다. 게다가 7~8 번째 줄에는 줄에는「材料の中から、……見つけると、……料理の設計がそれから始まる (재료 속에서… 발견하면 요리의 설계가 그 때부터 시작된다)」고 되어 있습니다. 결국, 초심자와 프로는 요리를 시작하기 전에 하는 일부터 크게 다르다는 것을 알수 있지요.

그러면 답의 선택항을 봅시다.

1번 : 본문에서 초심자가 프로처럼 시장에서 능숙하게 재료를 고를 수가 없다고 적혀 있습니까? 그런 것은 적혀 있지 않지요?

2번 : 초심자와 프로가 요리를 하기 전에 각각 우선적으로 무엇을 하는지에 대해 적혀 있습니다.

3번 : 본문에는 요리의 재료를 어떻게 할지 그 차이에 대해서 적혀 있습니다만 초심자가 집에 있는 재료로 요리를 하려고 한다고는 적혀 있지 않습니다.

4번 : 프로는 좋은 재료로 요리를 만들려고 합니다만 좋은 재료가 없으면 요리를 만들지 않는다고는 적혀 있지 않습니다. 또, 초심자는 재료가 부족해도 요리를 만든다는 것은 본문에 적혀져 있는것과 반대입니다.

그러므로 정답은 2번 입니다.

Lời giải uâu 7

Chủ đề của bài văn trong câu 7 là về nấu ăn. Tác giả nói rằng sự khác nhau lớn giữa người mới vào nghề nấu ăn và người chuyên nghiệp khi nấu ăn là gì. Vì vậy, trong bài văn này, ta sẽ nhận thấy "対になっているキーワード (từ khóa đối lập)" tất nhiên sẽ là từ "初心者 (người mới vào nghề)" và "プロ (người chuyên nghiệp)". Vậy, tác giả đang so sánh hai đối tượng này cụ thể như thế nào?

Trường hợp nấu ăn thì giữa người đầu tiên và người chuyên nghiệp đương nhiên là có nhiều điều khác nhau. Ở đây, trước tiên là so sánh từ góc độ nấu món gì? Ở dòng thứ 3~4 có ghi rằng, người mới vào nghề "自分の作りたいものを決め (quyết định món mình muốn nấu)", sau đó là "材料を買いにゆく (đi mua nguyên liệu)" nhưng người chuyên nghiệp thì thế nào? Về người chuyên nghiệp có ghi từ dòng thứ 6 nhưng không ghi cụ thể là nấu cái gì.Thay vào đó, có ghi "まず市場をのぞきにゆく (trước hết là đi ngó xem chợ có cái gì)". Tiếp theo, ở dòng thứ 7~8 có ghi: "材料の中から、……見つけると、……料理の設計がそれから始まる (nếu tìm thấy ……từ trong số nguyên liệu thì sau đó mới bắt đầu hình thành thiết kế món ăn)". Tóm lại, ta có thể hiểu rằng, giữa người mới vào nghề và người chuyên nghiệp có sự khác nhau lớn là trước khi bắt đầu nấu, phải không các bạn?

Sau đây, chúng ta hãy xem các phương án câu trả lời.

Phương án 1: Trong bài văn này có ghi rằng, người mới vào nghề không thể chọn nguyên liệu ở chợ giỏi như người chuyên nghiệp, đúng không các bạn? Bài văn không hề viết điều đó, phải không các bạn?

Phương án 2: Có viết về việc người mới vào nghề và người chuyên nghiệp làm gì trước khi nấu món ăn.

Phương án 3: Trong bài văn có ghi sự khác nhau về việc sẽ làm nguyên liệu món ăn như thế nào.

Phương án 4: Người chuyên nghiệp cố gắng nấu với nguyên liệu tốt nhưng nếu không có nguyên liệu tốt thì sẽ không nấu. Bài văn không hề nói như vậy. Ngoài ra, chi tiết nói rằng người mới vào nghề cho dù thiếu nguyên liệu cũng nấu là trái ngược với nội dung viết trong bài.

Vì vậy, đáp án đúng là phương án 2.

問 8

次の文章の（　A　）と（　B　）にはどんなことばが入りますか。

電話をかけていて、こちらがまだ話し終らないうちに、切られるほど不快なことはない。しかも、そういうのに限って、受話器を乱暴に投げつけるようにするらしく、ガチャンというやな音をきかされる。わざとハラの立つ電話にしてそれで意思表示をしようというのなら、しかたがないが、切るときはていねいに、もの静かに切らないといけない。

一般的なエチケットでは、電話は（　A　）が先に切る。切れた音をきいてから受けた側も受話器をおく。かけた側に用があるのだ。料金も先方が払っているのである。ぎりぎりの終りのところへ来て、またなにか思いつくかもしれない。言おうとしたら、（　B　）に切られてしまったというのではいけない。

（外山滋比古『心を伝える「ひとこと」の作法　人間関係がうまくいく「ことば」の知恵』PHP 研究所より）

1．A　受け手　　B　かけた側
2．A　受け手　　B　受け手
3．A　かけた側　B　受け手
4．A　かけた側　B　かけた側

問9

「分析」と「総合」について、最も適切なものはどれですか。

近代科学の方法論として、「分析」と「総合」があります。分析とは、たとえば化学でいえば成分を割り出すことや、データをとって細かく調べることにあたります。スポーツなどでは分解写真やスローモーションで、それぞれの局面での動きを見ることにあります。分析することによって細部までわかります。

しかし、分析だけしていてもどうにもならないことがあります。そこで、この分析を組み合わせたり、流れの中で捉える必要がでてきます。そうすることによって、全体としてどういう動きになり、どういう働きをしているのか？どういう物質でどう反応するのか、などと考えていけるのです。これを「総合」といいます。

（岡部恒治『数学感覚をのばす』講談社より）

1.「総合」した結果、全体でどういう働きをするかがわかることを「分析」という。

2.「分析」と「総合」は、それぞれまったく別のことなので関係がない。

3.「分析」によって細部を知り、「総合」によって全体を捉えることができる。

4.「分析」だけして「総合」しないと、細部も全体もわからない。

セクション4　接続語や指示語がキーワード

セクション4では、接続語や指示語がキーワードとなる問題を取り上げます。文章を読んで理解するためには、文と文とのつながりや段落と段落の関係をつかむことが大切です。どのようにつながっていくのかを理解するには、接続語や指示語に注目します。

〈Section 4〉When conjunctional or demonstrative words become keywords

In Section 4, we tackle questions raised when conjunctional or demonstrative words become keywords. In order to read and understand the text, it is important to grasp the links between sentences and the relationship between paragraphs. We should pay attention to conjunctional or demonstrative words to understand how they are linked.

〈第 4 项〉连词和指示词为关键词句时

在第 4 项中，提出了连词和指示词为关键词句的问题。要看懂一篇文章，抓住句子与句子之间的接续以及段落与段落之间的关系很重要。为搞清楚这之间的接续关系，要注意其中的连词和指示词。

〈섹션 4〉접속어와 지시어가 키워드

섹션4에서는 접속어와 지시어가 키워드가 되는 문제를 다루고 있습니다. 문장을 읽고 이해하기 위해서는 문장과 문장의 연결과 단락과 단락의 관계를 파악하는 것이 중요합니다. 어떻게 연결되어 갈지 이해하기 위해서는 접속어와 지시어에 주목합니다.

〈Section 4〉Từ khóa là liên từ, từ để chỉ

Ở Section 4 sẽ đưa ra các đề bài mà ở đó các liên từ và từ để chỉ trở thành từ khóa. Để đọc và hiểu được bài văn, điều quan trọng là nắm được sự kết nối giữa câu với câu hay mối quan hệ giữa đoạn văn với đoạn văn. Chúng ta sẽ tập trung sự chú ý vào các liên từ và từ để chỉ để hiểu được chúng kết nối với nhau như thế nào.

問 10　次の文章に続くＡ～Ｄの最も適当な順番はどれですか。

外国から帰ってくると、逆カルチャーショックをうけることがある。

日本では、駅の構内も電車のなかも清潔で、床に物などほとんど落ちていない。私がいつも感動するのは、電車のなかで食事をしたあと、お弁当の殻やペットボトルを、老いも若きも皆が全員、ちゃんと持って降りることだ。

Ａ　そのうえ日本の電車は遅れない。駅でない場所で停車すれば、たいてい二秒後にはその理由がわかる。車掌は礼儀正しく、デッキから客室に入ってくるときには、お辞儀までしてくれる。

Ｂ　しかも、彼らは何でも知っている。網の目のような東京の地下鉄では、どういうふうに乗り継げば良いかがわからないときがある。あるいは、特急、快速、快速特急、準急などが入り交じっている路線で、どれに乗って、どこで乗り換えるのがベストかがわからないとき。そんなときは、駅員に訊けば、すべてがあっという間に解決する。

Ｃ　とくに、彼らがあの*複雑怪奇な*ダイヤグラムをポケットから取り出し、すばやく目を走らせている姿などを見ると、魔法を見るように感動してしまう。訊けばいつでも正しい答えが返って来るという安心感は、何物にも代えがたいものがある。

Ｄ　なぜ、日本の電車のなかが清潔なのかという問いに対する答えが、ここに*凝縮されている。それは簡単。乗客の*モラルが高いのだ。そして、皆、それが当たり前だと思っているところが、また凄い。

（川口マーン惠美『住んでみたドイツ　８勝２敗で日本の勝ち』講談社より）

＊複雑怪奇な：複雑であやしく不思議な

＊ダイヤグラム：列車運行表

＊凝縮される：まとめて集められる

＊モラル：道徳

１．Ｄ－Ｂ－Ｃ－Ａ　　２．Ｄ－Ａ－Ｂ－Ｃ

３．Ａ－Ｄ－Ｂ－Ｃ　　４．Ａ－Ｂ－Ｄ－Ｃ

問 10 の解法

問 10の文章は「日本の電車のレベルの高さ」について説明しているものです。まず、始めの文で、駅の構内と電車の中の清潔(せいけつ)さについて述べています。そのあとに、どのような文が続くでしょうか。AからDの始めの言葉に注目してください。「そのうえ」「しかも」「とくに」「なぜ」という言葉が使われていますね。それぞれの働きを考えながら、文章の内容を見ていきましょう。

「そのうえ」や「しかも」は、説明を加えるときに使い、「とくに」は、強調して取り上げて説明するときに、「なぜ」は理由を問うときに使います。

では、始めの文に続くものはどれでしょう。Dは、「なぜ、日本の電車のなかが清潔なのかという問いに対する答えが、ここに……」の文で始まっていて、始めの文で述べられていた日本の電車の清潔さの理由を説明しているので、Dが続きます。

そのDに続くものはどれでしょう。Aの接続語「そのうえ」、Bの接続語「しかも」はどちらも前に述べたことにつけ加えるときに使う言葉ですから、これらがDに続くとすれば、Dにつけ加える内容が続くはずです。どちらが適切かは、文の内容を見て決めます。Aでは「日本の電車は遅れない。」と電車について述べられていますが、Bでは「彼らは何でも知っている。」と電車や駅で働く人について述べているので、Aのほうが関連の深い内容になっていると言えます。

そのAに続くのはどれでしょうか。BもCも駅員についての内容ですが、BとCを比べると、CがBの内容の一部を強調して取り上げている関係になっているので、B→Cの順になります。

ということで、正しい順番はD－A－B－Cになりますから、答えは２番です。

Solving Question 10

The text in question 10 is explaining "the high standard of the train system in Japan". The initial part of the text talks about the cleanliness of stations and insides of trains. So, what should come after that? Look at the first words of parts A to D. You will see that "そのうえ (moreover)", "しかも (furthermore)", "とくに (especially)" and "なぜ (why)" are used. So, thinking about their various functions let us take a look at the contents of A-D.

"そのうえ (moreover)" and "しかも (furthermore)" are used to add explanation, "とくに (especially)" is used to take up a point for emphasis when explaining something and "なぜ (why)" to ask the reason.

So what follows the initial text? D starts with the sentence, "なぜ、日本の電車のなかが清潔なのかという問いに対する答えが、ここに…… (The answer to the question 'why are the insides of Japanese trains so clean?' is……here)". As it explains the reason for the cleanliness of the inside of Japanese trains in the initial text, D comes next.

So, what comes after D? The conjunctive words "そのうえ (moreover)" and "しかも (furthermore)" in A and B are both used to add something to what has gone before. The part that follows D should be the one whose content adds to D. We decide which is more appropriate by looking at their contents. A says "日本の電車は遅れない。(Japanese trains are not late.)" which is talking about trains while B says, "彼らは何でも知っている。(They know everything.)" which is talking about people that work on trains and in stations so the content of A is more closely related to that of D.

So what comes after A? Both B and C are about station staff. Comparing them, you will see that C takes up a point in B for emphasis. So the order is B then C.

Accordingly, the correct order is D – A – B – C, so the answer is No. 2.

问题 10 的解答方法

问题 10 的文章是在讲述关于“日本电车水平之高”。首先，在开始的文章中，是在讲述关于车站里和电车内之清洁。在这段话的后面应该接续什么样的句子呢？ 请注意看一下 A ～ D 每段话开头的词。这里分别使用了“そのうえ（加上）”“しかも（并且）”“とくに（特别）”“なぜ（为什么）”这些词。让我们一边考虑这些词各自的作用，一边来看文章的内容吧。

“そのうえ（加上）”“しかも（并且）”用于做补充说明时，“とくに（特别）”用于对某一事物加以强调说明时，“なぜ（为什么）”则是用在询问理由时。

那么，接续在文章开头部分后面的应该是哪一段呢？ 因为 D 是以“なぜ、日本の電車の中が清潔なのかという問いに対する答えが、ここに……（对于“为什么日本的电车内很清洁？”的回答，这里……）”这句话开始，对文章开头部分所述日本电车很清洁的理由进行说明，所以接在开头部分后面的是 D。

接续在 D 后面的是哪一段呢？ A 的“そのうえ（加上）”和 B 的“しかも（并且）”都是用于对前面所述的事情加以补充说明时的连词，所以如果它们接在 D 的后面，接下来的就应该是对 D 进行补充说明的内容。用哪一段合适，这要看其所述内容而定。A 的“日本の電車は遅れない。（日本的电车不误点。）”是在就日本的电车进行说明，而 B 的“彼らは何でも知っている。（他们什么都知道。）”说的是在电车和车站工作的人，因此应该说 A 的内容与上一段相关较为密切。

那么接续在 A 后面的又是哪一段呢？ B 和 C 都是关于站务员的内容，但是比较 B 和 C，它们的关系是 C 在对 B 的一部分内容加以强调说明，所以顺序是 B → C。

据此，正确的排列顺序为 D－A－B－C，因此正确答案是 2。

문10의 해독법

문10의 문장은「일본 전철 레벨의 높음」에 대해 설명하고 있습니다. 우선 처음 문장에서 역 내와 전철 안의 깨끗함에 대해 서술하고 있습니다. 그 다음 어떤 문장이 이어질까요? A부터 D의 첫 단어에 주목하십시오.「そのうえ (더불어)」「しかも (게다가)」「とくに (특히)」「なぜ (왜)」란 단어가 사용되고 있습니다. 각각의 작용을 생각하면서 문장의 내용을 읽어 봅시다.

「そのうえ (더불어)」나「しかも (게다가)」는 설명을 더할 때에 사용하고,「とくに (특히)」는 강조하여 설명할 때,「なぜ (왜)」는 이유를 물을 때 사용합니다.

그러면 첫 문장에 이어지는 것은 어느 것일까요? D는「なぜ、日本の電車のなかが清潔なのかという問いに対する答えが、ここに…… (왜 일본의 전철 안은 깨끗할까에 대한 물음의 답이, 여기에 ……)」의 문장으로 시작되어 있어 처음 문장에서 서술한 일본 전철의 청결함의 이유를 설명하고 있기 때문에 D가 이어집니다.

D에 이어지는 것은 어떤 것일까요? A의 접속어「そのうえ (더불어)」, B의 접속어「しかも (게다가)」는 둘 다 앞에서 서술한 내용에 추가로 설명할 때 쓰는 말이기 때문에 이들이 D에 이어진다고 하면 반드시 D의 내용에 추가로 설명되는 내용이 이어질 것입니다. 어떤 것이 더 적절할지는 문장의 내용을 읽고 결정합니다. A에서는「日本の電車は遅れない。(일본 전철은 시간을 엄수한다.)」라고 전철에 대해 설명하고 있지만, B에서는「彼らは何でも知っている。(그들은 뭐든지 알고 있다.)」라고 전철이나 역에서 일하고 있는 사람들에 대해 설명하고 있기 때문에 A가 더 관련성이 깊은 내용이라고 말할 수 있습니다.

A에 이어지는 것은 어떤 것일까요? B도 C도 역무원에 대한 내용이지만, B와 C를 비교해 보면 C가 B의 내용의 일부를 강조하여 설명하고 있는 관계가 되어 있으므로 B→C의 순서가 됩니다.

그러므로 바른 순서로는 D－A－B－C가 되므로 정답은 2번입니다.

Lời giải câu 10

Bài văn trong câu 10 là bài giải thích về "Trình độ của tàu điện Nhật Bản". Trước tiên, ở phầu đầu bài văn nói về sự sạch sẽ trong nhà ga và trong tàu điện. Sau đó, các câu văn được tiếp nối với nhau như thế nào? Hãy chú ý vào các từ đầu của A ~D. Ta thấy các từ "そのうえ (vả lại)", "しかも (hơn nữa)", "とくに (đặc biệt)", "なぜ (tại sao)" thường được sử dụng phải không nào? Chúng ta hãy vừa đọc nội dung bài văn vừa nghĩ về từng công dụng ý nghĩa của chúng.

"そのうえ (vả lại)" và "しかも (hơn nữa)" dùng khi bổ sung thêm lời giải thích, "とくに (đặc biệt)" dùng khi đưa một điều gì đó ra nhấn mạnh và giải thích, "なぜ (tại sao)" dùng khi hỏi về lý do.

Vậy thì, nối tiếp theo câu văn đầu sẽ là cái nào? D bắt đầu bằng câu "なぜ、日本の電車のなかが清潔なのかという問いに対する答えが、ここに…… (Câu trả lời cho câu hỏi tại sao trong tàu điện Nhật Bản lại sạch sẽ là ở đây ……)", đã giải thích lý do sạch sẽ của tàu điện ngầm Nhật Bản được đề cập đến ở câu đầu. Cho nên, D sẽ là câu nối tiếp.

Câu nối tiếp sau D sẽ là cái nào? Liên từ của A là "そのうえ (vả lại)", liên từ của B là "しかも (hơn nữa) đều là những từ sử dụng khi bổ sung thêm giải thích cho nên nếu những câu này tiếp nối với D thì nội dung bổ sung cho D chắc chắn sẽ được đề cập tiếp. Cái nào sẽ phù hợp hơn? Ta sẽ xem nội dung của câu văn để quyết định. Ở A có đề cập về tàu điện rằng: "日本の電車は遅れない。(Tàu điện Nhật Bản không bị trễ giờ.)" nhưng ở B lại đề cập về những người làm việc ở tàu điện và nhà ga rằng: "彼らは何でも知っている。(Họ cái gì cũng biết.)" nên có thể nói A có nội dung liên quan sâu hơn.

Tiếp theo A là cái nào? Cả B và C đều có nội dung về nhân viên nhà ga nhưng nếu ta đem so sánh B với C thì C sẽ có mối quan hệ nhấn mạnh một phần của nội dung B nên theo tuần tự sẽ là B → C.

Do vậy, tuần tự đúng sẽ là D – A – B – C nên câu đáp án là phương án 2.

問 11

次の文章の（　A　）に入るものとして、最も適当なものはどれですか。

わたしは、野山を歩くのが大好きです。野山では、昆虫や鳥の行動をじっと観察しつづけたり、森林や田畑の景観をぼけっとながめたりします。野山のフィールドワークに出かけると、心身ともにリフレッシュされた感じがします。何泊かの山小屋生活を終えて、都市にもどると、たくさんの人の動きで眼がまわる思いがします。空気の汚さが胸を圧迫します。さまざまな騒音が頭のなかにひびきわたります。緑が少なく、わたしの好きな昆虫や鳥も少数の決まったものだけです。

（　A　）わたしは好きです。とりわけ古書店をまわって古本をさがすのが楽しみです。

そこでは、見たこともない本にたくさん出会います。また、都市には博物館や美術館が集中しています。小さなものまでふくめるとたいへんな数です。これらは、人間がつくりだしたり表現したりしたさまざまな作品を展示しています。毎晩のようにどこかで音楽会や演劇が上演されています。明治建築あるいは大正建築が保存されている都市もあります。こうした「もの・こと」に出会うたびに、人間の文化的な営みのすごさに感激します。文化が集中してしまう都市ならではのことなのでしょう。

（山岡寛人『21 世紀　知的好奇心探求読本３　環境破壊はとめられない！？
――新しい生き方を創造しよう――』ポプラ社より）

1．ところで、野山でのフィールドワークも
2．つまり、野山でのフィールドワークが
3．しかし、都市でのフィールドワークも
4．ですから、都市でのフィールドワークが

問 12

次の文章に続くA～Dの最も適当な順番はどれですか。

自然科学の書物を読んでいると、よく数式が出てくる。そこまで苦労して読んできたのに、数式を見ただけでいやになって読み進む意欲を失ってしまう。

A　そう言われてみると、一見むずかしそうな数式もじっと見つめたり、分解したりしているうちに、なんとなくわかってくることもあった。

B　私自身、その経験があり、書物を投げ出したこともあった。

C　そうしているうちに気がついたのだが、この先輩（せんぱい）の忠告（ちゅうこく）は、ふつうの書物を読むときにも十分にあてはまる読み方であった。

D　それにたいして先輩は「すぐにあきらめないで、しばらくはその数式についてあれこれと考えてみるように」と忠告してくれた。「そこが君の脳を発達させるかどうかの別れ道なんだよ」と。

（高木貞敬『脳を育てる』岩波新書より）

1．B－D－C－A
2．B－D－A－C
3．D－C－A－B
4．D－B－C－A

セクション5　数字がキーワード

セクション5では、数字がキーワードとなっている問題の解き方を考えてみましょう。

文章問題に出てくる数字は、年・月・日・時など時間を表すもの、〜%・〜割・〜分の〜など割合を表すもの、〜円・〜人のように金額や人数を表すものなど、さまざまな単位のものがあります。それが一つの文章中に複数出てくるような場合は特に注意が必要です。

〈Section 5〉When numbers become keywords

In Section 5, let us consider how to solve questions where numbers become keywords. The figures appearing in text questions contain different units representing time, such as year/month/day/time, percentages, such as "%", "wari" or "bun no" in Japanese, money like yen, or number of persons like "nin" in Japanese, or the like. When more than two units appear in one piece of writing, we should pay careful attention to them.

〈第 5 项〉数字为关键词句时

在第 5 项，我们来看一下数字为关键词句的问题的解答方法。

在文章问题中出现的数字单位种类很多，例如有年、月、日、时等表示时间的单位，〜%、〜成、〜分之〜等表示比例的单位，〜元、〜人这样表示金额和人数等的单位。在一篇文章里有几组同时出现时，要特别注意。

〈섹션 5〉숫자가 키워드

섹션5에서는 숫자가 키워드로 되어 있는 문제의 해법을 생각해 봅시다.

문장 문제에서 나오는 숫자는 년, 월, 일, 시 등의 시간을 나타 내는 것, ~%, ~할, ~분의 ~등 비율을 나타 내는 것, ~엔, ~사람과 같이 금액이나 인원을 나타내는 것등 여러 가지 단위가 있습니다. 그것이 하나의 문장 안에 여러 번 나오는 경우는 특히 주의해야 합니다.

〈Section 5〉Từ khóa là con số

Ở Section 5 chúng ta sẽ thử cùng suy nghĩ về cách làm đề bài có từ khóa là các con số.

Các con số được đưa ra trong đề bài bài văn là những đơn vị tính khác nhau như biểu thị thời gian như năm, tháng, ngày, giờ, v.v, biểu thị tỉ lệ như ~%, ~ chục %, ~phần, biểu thị số tiền hay số người như ~ yên, ~ người, v.v.. Trường hợp những cái đó xuất hiện nhiều lần trong bài văn thì cần phải đặc biệt chú ý.

問 13　今回の内閣府の調査で、自分の国の問題点を「就職が難しく、失業も多い」と答えた若者の数が日本よりも多かった国は何か国ありましたか。

内閣府は、日本、アメリカ、ドイツ、フランス、イギリス、スウェーデン、韓国の7か国を対象に実施した「我が国と諸外国の若者の意識に関する調査」の結果を発表した。この調査は、各国満13歳から満29歳までの男女約1,000人に対して、WEBを通して実施したものである。

2013年に行われたこの調査で、自分の国の問題点を複数回答で聞いたところ、日本の若者の半数近く（47.7%）が、「就職が難しく、失業も多い」と答えた。同じ回答をした若者の数を7か国で比べてみると、アメリカ45.0%、ドイツ23.8%、フランス68.3%、イギリス41.2%、スウェーデン50.4%、韓国では62.3%であった。多くの国の若者が、就職することの難しさや、失業への不安を抱えていることが分かった。

1. 1か国
2. 2か国
3. 3か国
4. 4か国

問13の解法

問13の文章は、日本を含む7か国で実施された若者の意識に関する調査について書かれたものです。本文の後半に、自分の国の問題点を「就職が難しく、失業も多い」と答えた若者の数が%で示されています。

この問の場合、正しい答えを選ぶために必要な部分はその%の数字だけです。日本の%の数字は47.7ですから、この数字より多い国が、日本以外の6つの国の中にいくつあるか数えることで、正しい答えが見つかります。では、本文を見てみましょう。

「就職が難しく、失業も多い」と答えた若者の数を7か国で比べた結果、アメリカは45.0、ドイツは23.8ですから、日本より少ないですね。イギリスも41.2で少ないです。では、日本より%の数字が多い国はどこか見てみると、68.3のフランス、50.4のスウェーデン、62.3の韓国の3か国だということがわかります。

ということで、正しい答えは3番です。

Solving Question 13

Question 13 is about a survey of young people's perceptions conducted in 7 countries including Japan. In the second half of the text, the number of young people responding "就職が難しく、失業も多い (It is difficult to find a job and there is much unemployment)" when asked about problems in their countries is expressed as %.

To choose the correct answer to this question, the part that is necessary is the figure of the % only. The % for Japan is 47.7 so by counting the countries with a greater figure among the 6 other ones we can find the correct answer. So let us take a look at the text.

Comparing the numbers of young people who responded "就職が難しく、失業も多い (It is difficult to find a job and there is much unemployment)" among the 7 countries, the figure for America was 45.0 and that for Germany 23.8, which are less than that for Japan. At 41.2, the figure for the UK is also less. We can see that there were 3 countries with higher figures for the % than Japan: France with 68.3, Sweden with 50.4 and South Korea with 62.3.

Accordingly, the correct answer is No.3.

问题 13 的解答方法

问题 13 的文章写的是在包括日本在内的 7 个国家所实施的一项关于年轻人意识的调查。在文章的后半部分，以百分比的形式，写有回答自己国家存在的问题是“就職が難しく、失業も多い（就业很难，失业也很多）”的年轻人的数字。

解答这道问题时，选择正确答案需要的只是百分比的数字部分。因为日本的百分比数字是 47.7，所以只要数一下日本以外的 6 个国家中有几个高于这个数字，就可以找到正确答案。好，我们来看一下本文吧。

相比 7 个国家中回答“就職が難しく、失業も多い（就业很难，失业也很多）”的年轻人的数字，其结果美国是 45.0，德国是 23.8，都少于日本。英国是 41.2，也少于日本。再来看一下百分比数字高于日本的国家就可以得知，那是 68.3 的法国、50.4 的瑞典、62.3 的韩国这 3 个国家。

因此，正确答案是 3。

문13의 해독법

문13의 문장은 일본을 포함한 7개국에서 실시한 젊은이들의 의식 조사에 대해 적은 것입니다.

본문 후반에 자국의 문제점을「就職が難しく、失業も多い (취직이 어렵고 실업도 많다)」라고 답한 젊은이들의 수가 %로 표시되어 있습니다.

이 문제의 경우 정답을 고르기 위해 필요한 부분은 그 %의 숫자 뿐입니다. 일본의 % 숫자는 47.7이므로 그 숫자보다 많은 나라가 일본 이외의 6개국 중에서 몇 개나 있나 세어봄으로 해서 정답을 고를 수 있습니다. 그러면 본문을 봅시다.

「就職が難しく、失業も多い (취식이 어렵고 실업노 많다)」라고 답한 젊은이늘의 수를 7개국에서 비교한 결과 미국은 45.0, 독일은 23.8이므로 일본보다 적습니다. 영국도 41.2로 적습니다. 그러면 일본보다 %숫자가 많은 나라는 어디인지 보면 68.3의 프랑스, 50.4의 스웨덴, 62.3의 한국 이렇게 3개국이란 것을 알 수 있습니다.

그러므로 정답은 3번 입니다.

Lời giải câu 13

Bài văn ở câu 13 viết về cuộc điều tra ý thức của thanh niên được tiến hành trên 7 quốc gia bao gồm cả Nhật Bản. Đoạn sau của bài văn thể hiện bằng % số thanh niên trả lời các vấn đề tồn tại của đất nước mình là: "就職が難しく、失業も多い (xin việc khó, thất nghiệp cũng nhiều)".
Trong trương hợp câu này, phần cần thiết để chọn câu hỏi đúng chỉ là con số % đó. Số % của Nhật Bản là 47,7 nên ta đếm có bao nhiêu nước trong tổng số 6 nước trừ Nhật Bản có con số lớn hơn con số này, từ đó ta sẽ tìm thấy câu đáp án đúng. Vậy, chúng ta hãy cùng thử xem phần bài văn!
Theo như kết quả so sánh số lượng thanh niên trả lời rằng, "就職が難しく、失業も多い (xin việc khó, thất nghiệp cũng nhiều)" trong 7 nước, Mỹ là 45,0, Đức là 23,8 nên ít hơn Nhật Bản. Nước Anh là 41,2, cũng ít. Vậy, thử nhìn những nước có con số % nhiều hơn Nhật Bản ở đâu, ta sẽ thấy đó là 3 nước Pháp 68,3; Thụy Điển 50,4; Hàn Quốc 62,3.
Do đó, đáp án đúng là phương án 3.

問 14

次の文章の内容と合っているものはどれですか。

日本では少子化が最も深刻な問題だといわれている。女性が一生の間に産む平均数を合計特殊出生率といい、国全体の人口を横ばいに保つためには、この値が 2.08 程度でなければならないらしい。日本の場合、1975 年にこの値が 2 を下回り、2005 年には 1.26 まで落ち込んだ。その後はいくらか持ち直したが、2014 年現在も 1.42 という低い水準にとどまっている。その結果、日本の人口は減少しているのである。

なぜ、このように出生率が低下しているのか。その第一の理由は結婚しない人が増えたためである。50 歳の時点で結婚したことがない人々が人口に占める割合は、昔はせいぜい数%であったのに、2010 年現在では、男性で約 20%、女性で約 10%と増加している。第二に、結婚するのが遅くなったので、子どもを産むのも遅くなり、産める子どもの数が減ったことが挙げられる。

また、最近、子供に大学まで進ませたいと考える親が増えたうえに、その教育費そのものが高くなったことなどの理由もあるだろう。

1．少子化の主な理由は、結婚そのものの減少と結婚の高年齢化である。
2．結婚しない人の割合は、昔も今もあまり変わっていない。
3．1975 年には、女性が一生の間に産む子供の平均数が 2.1 であった。
4．教育費が高いことが、子供を産まない第一の理由である。

問 15

次の文章は日本人の国民性調査に関するものです。2013 年の調査結果と合っているものはどれですか。

大学共同利用機関法人、統計数理研究所は 1953 年から５年ごとに日本人の国民性調査を行っている。最新の第 13 次調査では、日本人の長所として挙げられるものを具体的な 10 個の性質の中からいくつでも選んでもらったところ、「勤勉」、「礼儀正しい」、「親切」を挙げる人が７割を超えた。特に、「礼儀正しい」はこれまで５割前後だったが今回 2013 年は 77％にまで上昇し、「親切」は３割から５割の間だったが 71％に高まるなど、いずれも 20 ポイント近く増加して過去最高となった。なお「勤勉」は、これまでの７割前後から今回は 77％に増えて、これも過去最高である。（中略）

これらに関連した項目として、たいていの人は「他人の役に立とうとしているか」あるいは「自分のことだけに気をくばっているか」を尋ねたところ、「他人の役に」という人は 1978 年は 19％に過ぎなかったが、その割合は毎回少しずつ増加し、今回 2013 年は前回 2008 年の 36％から 10 ポイント近く伸びた 45％となって、はじめて「自分のことだけ」の割合（42％）を上回った。

（統計数理研究所 HP「日本人の国民性調査　第 13 次調査の結果のポイント」より）

1．日本人の長所として「礼儀正しい」を挙げた人は５割だった。

2．日本人を「親切」と考えている人は「勤勉」と考えている人より多い。

3．この調査は 1953 年から毎年行っていて、今回で 61 回目だ。

4．「他人の役に立とうとしている」と考えている人は増えている。

セクション6　比喩（ひゆ）表現がキーワード

セクション6では、比喩（ひゆ）表現がキーワードになっている文章を取り上げてみます。比喩は文章を書く人が読む人に対して、自分の伝えたいことをより印象的に表現しようとするときに使われる技法の一つです。あるもの（こと）を別のもの（こと）にたとえるわけですから、前者と後者がそれぞれ何であるかをつかんだ上で、その共通点を理解することが大切です。

〈Section 6〉 When metaphors become keywords

In Section 6, we have text in which metaphors become keywords. Metaphors are one method used by writers to express what they want to say in a more impressive manner. As one thing is compared to another, it is important to grasp what the former and the latter are respectively to understand the similarity between them.

〈第 6 项〉 比喻表现为关键词句时

在第 6 项中，我们来看一下关键词句为比喻表现的文章。比喻是写文章的人要把自己所想表达的事情给读者留下更深的印象时使用的一种表现技巧。因为是将一种东西比喻成另一种东西，所以重要的是要先弄清楚前者和后者分别是什么，然后找出两者之间的共同点。

〈섹션 6 〉 비유 표현이 키워드

섹션6에서는 비유표현이 키워드로 되어 있는 문장을 다뤄 보기로 합니다. 비유는 문장을 쓰는 사람이 읽는 사람에게 자신이 전달하고 싶은 것을 보다 인상적으로 표현하려는 목적으로 사용 되어지는 기법의 하나입니다. 어떤 것을 다른 것으로 예를 드는 것이므로 전자와 후자가 각각 무엇인지를 파악한 후에 공통점을 이해하는 것이 중요합니다.

〈Section 6〉 Từ khóa là cách nói ẩn dụ

Ở Section 6 chút tôi thử đưa ra những bài văn có từ khóa là cách nói ẩn dụ. Ẩn dụ là một trong những thủ pháp được sử dụng khi người viết có ý diễn tả một cách ấn tượng điều mình muốn nói đối với người đọc. Vì nó ví một sự vật (sự việc) với một sự vật (sự việc) khác nên việc hiểu được điểm chung trên cơ sở nắm bắt được hai sự vật sự việc đó nó là cái gì là hết sức quan trọng.

問 16 「道路は生きている」とはどういうことですか。

運転中の事故は、ちょっとした気のゆるみや不注意から起こることが少なくありません。ことに運転歴が長いドライバーには慣れが生じます。そのときたいせつなのは、常に自分を戒め（いまし）、初心に戻って安全運転を心がけること。そして「道路は生きている」ことを再認識することです。

道路の状況は一定ではありません。日中と夜間、晴天か雨天かで運転も変わります。雨ならば速度を落とし、車間距離（きょり）をいつもより広くとらなければならないでしょう。また、夜間は対向車のライトで歩行者も見えにくくなります。いつもの道も時には工事中かもしれません。このように、道路の状況は日々刻々と変化しており、ドライバーは、常に状況に合わせて*臨機応変（りんきおうへん）に運転しなければならないことを忘れないようにしましょう。

（『imidas2004 別冊付録　こんなときどうする？　最新マナー 55』集英社より）

＊臨機応変（りんきおうへん）：物事に対し、場合によって、それに合わせた方法を使うこと

1．道路の状況はいつも同じではないということ

2．道路を走る車には必ずドライバーが乗っているということ

3．道路にもちょっとした気のゆるみがあるということ

4．道路は歩行者と車の運転者のどちらとも関係があるということ

問 16 の解法

問 16 の文章は、ドライバーのマナーについて書かれたものです。その中で、運転に大切なこととして「道路は生きている」という表現が出てきます。道路は生きものではないですから、普通の言い方ではありませんね。つまり、「道路」を「生きもの」にたとえる比喩（ひゆ）が使われています。「道路」が「生きもの」にたとえられているのですから、「道路」のどんな点が「生きもの」（たとえば「人」）と共通しているのかを読み取りましょう。それは、８行目の「日々刻々と変化する」ことです。

それでは、答えの選択肢を見てみましょう。

１番：「状況がいつも同じでないこと」は、まさに「道路」が「生きもの」にたとえられる理由、つまり両者の共通点です。

２番：車にドライバーが乗っているという理由で、「道路」を「生きもの」にたとえているのではありません。

３番：「道路」は本当は「生きもの」ではないですから、「気のゆるみがある」というのはおかしいですね。

４番：「道路」が「歩行者と車の運転者のどちらとも関係がある」というのは確かですが、だからといって、「道路は生きている」とは言えません。

ということで、正しい答えは１番です。

Solving Question 16

The text in Question 16 is about drivers' attitude when driving. The text mentions that what is important to drivers is the feeling that "道路は生きている (the roads are alive)." This is not a common phrase, as roads are not living things. That is, the metaphor is used to compare "道路 (roads)" to "生きもの (living things)." Since the "道路 (roads)" are compared to "生きもの (living things)," let us try to grasp in what ways "道路 (roads)" are similar to "生きもの (living things) (e.g., human beings)." It is that they "日々刻々と変化する (change every single day)," as shown on the eighth line.

Then, let us examine the possible answers.

No. 1: That "状況がいつも同じでないこと (the conditions are always different)" is just a reason for comparing "道路 (roads)" to "生きもの (living things)" , that is, it's a similarity between them.

No. 2: The "道路 (roads)" are compared to "生きもの (living things)" not because drivers ride in a car.

No. 3: As "道路 (roads)" are not "生きもの (living things)," the expression "気のゆるみがある (have a feeling of slackness)" is strange.

No. 4: It is true that "道路 (roads)" "歩行者と車の運転者のどちらとも関係がある (have a relationship with both pedestrians and car drivers)," but it is not the meaning of "道路は生きている (roads are alive)."

Accordingly, the correct answer is No. 1.

问题 16 的解答方法

问题 16 的文章写的是关于司机所应遵守的规则。在文章中，作为驾驶时的重要事项，使用了“道路は生きている（道路是有生命的）”这一表现。道路本来是没有生命的，所以这不是一般的说法。也就是说，这里是把“道路（道路）”比喻成了“生きもの（有生命的东西）”。因为是把“道路（道路）”比喻成了“生きもの（有生命的东西）”，那我们就来看一下“道路（道路）”与“生きもの（有生命的东西）”（比如“人”）在什么地方有共同点。那就是第 8 行的“日々刻々と変化する（每时每刻都在发生着变化）”。

好，让我们来看一下选择答案吧。

1．“状況がいつも同じでないこと（情况不总是一样的）”，这正是可以把“道路（道路）”比喻成“生きもの（有生命的东西）”的理由，即双方的共同点。

2．并不是因为车里有司机，所以将“道路（道路）”比喻成“生きもの（有生命的东西）”的。

3．“道路（道路）”不是真的“生きもの（有生命的东西）”，所以说它“気のゆるみがある（有疏忽的时候）”不合情理。

4．“道路（道路）”确实与“歩行者と車の運転者のどちらとも関係がある（行人和司机都有关系）”，不过，那也不能因此而说“道路は生きている（道路是有生命的）”。

所以，正确答案是 1 。

문16의 해독법

문16의 문장은 운전자의 매너에 대한 글 입니다. 그 가운데 운전하는 데에 중요한 요소로「道路は生きている (도로는 살아 있다)」라는 표현이 나옵니다. 도로는 생물이 아니므로 보통 흔히 쓰는 말은 아닙니다. 즉,「道路 (도로)」를「生きもの (생물)」로 예를 드는 비유가 사용되어 졌습니다.「道路 (도로)」를「生きもの (생물)」로 예를 들어 설명한 것이므로「道路 (도로)」의 어떤 점이「生きもの (생물)」(예를 들면「사람」)과 공통점이 있는 지를 읽어 냅시다. 그것은 8째 줄의「日々刻々と変化する (날마다 시시각각 변화한다)」일 것입니다.

그러면 답이 선택항을 봅시다.

1번 :「状況がいつも同じでないこと (상황이 항상 같지 않은 것)」은 말 그대로「道路 (도로)」가「生きもの (생물)」에 비유 되어진 이유, 즉 양쪽의 공통점입니다.

2번 : 자동차에 운전자가 타고 있다는 이유로「道路 (도로)」를「生きもの (생물)」에 비유하고 있는 것은 아닙니다.

3번 :「道路 (도로)」는 사실「生きもの (생물)」이 아닌데「気のゆるみがある (마음을 놓다)」라고 하는 것은 이상하군요.

4번 :「道路 (도로)」가「歩行者と車の運転者のどちらとも関係がある (보행자와 자동차 운전자의 양쪽 모두와 관계가 있다)」는 말은 맞긴 하지만 그렇다고 해서「道路は生きている (도로가 살아 있다)」라고는 말할 수 없습니다.

그러므로 정답은 1번 입니다.

Lời giải câu 16

Bài văn trong câu 16 viết về hành vi ứng xử của người lái xe. Trong đó cụm từ "道路は生きている (con đường đang sống)" được đưa ra như là một điều quan trọng cho việc lái xe. Con đường không phải là cơ thể sống nên đây không phải là cách nói thông thường, đúng không bạn? Tóm lại là, cách nói ẩn dụ ví "道路 (con đường)" với "生きもの (cơ thể sống)" được sử dụng nên chúng ta hãy đọc để nhận biết những điểm như thế nào của "道路 (con đường)" cùng chung với "生きもの (cơ thể sống)" (ví dụ "con người"). Đó là sự "日々刻々と変化する (thay đổi mỗi ngày mỗi giờ)" ở dòng thứ 8.

Vì thế, chúng ta hãy thử nhìn vào các phương án câu trả lời.

Phương án 1: "状況がいつも同じでないこと (tình trạng không phải lúc nào cũng như nhau)" chắc chắn là lý do để ví "道路 (con đường)" với "生きもの (cơ thể sống)", tức là điểm chung của hai sự vật.

Phương án 2: Lý do cho rằng người lái xe đi xe không phải là việc ví "道路 (con đường)" với "生きもの (cơ thể sống)".

Phương án 3: "道路 (con đường)" sự thật không phải là "生きもの (cơ thể sống)" nên việc nói rằng, "気のゆるみがある (không cảm thấy căng thẳng)" là kỳ cục, đúng không bạn?

Phương án 4: Việc nói rằng "道路 (con đường)" "歩行者と車の運転者のどちらとも関係がある (cả người đi bộ và người lái xe đều có mối liên quan)" là xác đáng nhưng không phải vì thế mà có thể nói rằng: "道路は生きている (con đường đang sống)".

Chính vì vậy, câu trả lời đúng là phương án 1.

問 17

次の文章はある物語を紹介したものです。「時間が盗まれている」とはどういうことですか。

「時間って何？」

このとらえどころのないものについて、考えるきっかけを与えてくれたのがこの物語です。

人間から時間を盗む泥棒(どろぼう)が、大都会にはびこります。盗まれた時間を取り返してくれた少女が、主人公のモモです。心豊かに人間らしく生きる時間の過ごし方を知っているモモの正体は、謎(なぞ)に包まれています。

モモに敵対(てきたい)するのは、物事をより早くこなすことで、時間の節約と貯蓄(ちょちく)を人間にそそのかす「灰色の男たち」。盗んだ時間を糧(かて)に存在するこの不気味な男たちとの対決は、スリルの連続です。

「よりよい生活のため」と信じて、時間を節約すればするほど、逆に人間らしさを失っていきます。せかせかした生き方や社会、それにより人間が見失っているもの——童話とはいえ、この物語は現代社会を鋭く投影(とうえい)しているようです。この物語を読んでどきっとした人。灰色の男たちに時間が盗まれているかもしれませんよ。

（読売新聞 2003 年 4 月 29 日「『時間って？』考えさせる」より）

1. とらえどころのない時間について考えること
2. 心豊かに人間らしく生きる時間の過ごし方を教わること
3. よりよい生活のためだと信じて時間を節約すること
4. 「灰色の男たち」の物語を読んでどきっとすること

問 18

次の文章の内容と合っているものはどれですか。

　天気予報になぞらえれば、上司の叱り方には「梅雨型」と「夕立型」がある。
「梅雨型」の叱り方は、梅雨前線のようにいつまでも停滞し、じとじとと雨を降らせるようなものだ。叱られる側になれば、うっとうしくてやり切れない。いつ終わるともしれない小言が、部下をげんなりさせる。しかも、それから何日も気が晴れない日がつづく。
　一方、「夕立型」の叱り方は、ザーッと雨を降らせて、後は何事もなかったようにカラッと晴れる。だから、部下もすぐに通常の仕事に取りかかることができる。いずれにしても、叱り方には、その上司の性格がおおいに関与している。どちらがいいのかは、いうまでもない。
　つけ加えるならば、「梅雨型」は、部下の心にダメージとなって残る。ねちねちだらだらと叱られては、ただグチを聞かされただけの気分にもなり、嫌気もさす。上司への不信感がつのる。上司が自分に対して、どう思っているのか……と疑心暗鬼になる。ひどい場合は、反感をもつ。仕事への意欲も減退するだろう。当然、以後の関係は悪くなる。要は、叱っても効果がないばかりか、ますますマイナスになるのである。

（斎藤茂太『上司と親は選べない　だから大切　こんな知恵』新講社より）

1．上司の叱り方は「梅雨型」より「夕立型」の方がよい。
2．上司が「夕立型」の叱り方をすると部下が反感をもつことがある。
3．「梅雨型」の叱り方は上司の性格とは無関係である。
4．叱られる側にとっては「夕立型」より「梅雨型」の方がよい。

セクション７　意外な意味を持つ言葉がキーワード

セクション７では、意外な意味を持つ言葉がキーワードになっている文章を読む練習をします。言葉が意外な意味を持っているというのは、その言葉の意味が、辞書などに書いてあるような普通の意味、またはみんなが知っているのとは違う意味で使われているということです。

〈Section 7〉 When words with an unexpected meaning become keywords

In Section 7, we will practice reading text where words with an unexpected meaning become keywords. By "words with an unexpected meaning" we mean words used with other than the usual meanings found in the dictionary or known to the public.

〈第 7 项〉 带有意外意思的词为关键词句时

在第 7 项，我们来练习读带有意外意思的词为关键词句的文章。说一个词带有意外意思是指将它用于表现与词典上写的一般意思、或者人们都知道的意思不同的意思的场合。

〈섹션 7 〉 의외의 의미를 갖는 말이 키워드

섹션7에시는 의외의 의미를 갖는 밀이 키워드가 되어 있는 문징을 읽는 연습을 힙니다. 밀이 의외의 의미를 가지고 있다라고 하는 것은 그 말의 의미가 사전 등에서 적혀 있는 보통의 의미, 또는 모두가 알고 있는 것과는 다른 의미로 사용되어 지고 있다는 것입니다.

〈Section 7〉 Từ khóa là từ mang nghĩa không ngờ tới

Ở Section 7, chúng ta sẽ luyện đọc bài văn mà ở đó từ có ý nghĩa không ngờ tới trở thành từ khóa. Từ có ý nghĩa không ngờ tới là ý nghĩa của từ đó được sử dụng với ý nghĩa khác với ý nghĩa thông thường ghi trong từ điển hoặc khác với những gì mọi người biết.

問 19　「普通」という語の使い方として、本文中の「フツー」と同じものはどれですか。

「これ、フツーにおいしい」

「フツーにすごいね」

こんな会話を耳にしたことがありませんか？　最近の若者の間で広がりだした、「フツー」の新しい用法なのです。「現代用語の基礎知識」にも03年版から載っています。正直言って、意外に、という意味。通常の使い方と併用されており、そのギャップを楽しむ遊びの要素が強そうです。

もともと普通とは文字通り、あまね（普）く通じる、広く行き渡ること。そこから、特別でない、並の水準という意味が広がったと考えられます。

前者の例は「普通教育」「普通選挙」などで明治初期から多く見られます。財産や納税額などで選挙権が制限された時代には「普通」が輝いて見えたのでしょうか。

「普通列車」「普通科」は後者の、特別や専門に対する概念を表します。また、「普通の○○」といえば、ありふれた事柄が浮かびます。かつて「普通の女の子に戻りたい」と宣言して引退したアイドルがいました。この場合の普通には、平凡な日常へのあこがれがにじんでいます。

（朝日新聞2004年7月18日より）

1．アイドル歌手をやめて、普通の大学生に戻る。

2．中学までの成績は普通だったが、高校に入って急に悪くなった。

3．つまらないかと思って映画を見たら、普通におもしろかった。

4．特急列車に乗らずに、普通列車に乗っていく。

問19の解法

問19は、「普通」という言葉の意味についての問題です。まず本文の始めに、「フツーにおいしい」「フツーにすごい」と、「普通」がカタカナで書かれている文があり、これらは「普通」の新しい用法だと書いてあります。そしてその意味は、「正直言って」「意外に」だということが５行目からわかります。では、「普通」は元々どういう意味を持つ言葉でしょうか。７～８行目を見ると、「あまね（普）く通じる、広く行き渡ること」、また、そこから意味が広がって「特別でない、並の水準」という意味を持っていることがわかります。

続く９行目に「前者」とありますが、これは二つのことが並べて書いてあるときに始めに書いてあるほうを指す言葉です。ここでは、「あまね（普）く通じる、広く行き渡る」という意味を指していて、その例として「普通教育」「普通選挙」があると言っています。そして、「普通列車」「普通科」は、「後者」つまり「特別でない、並の水準」という意味の例だということがわかります。さらに、「普通の女の子に戻る」という例では、「平凡」という意味が入っているという説明があります。

さて、問19で聞かれていることは、本文中の「フツー」と同じ意味の「普通」の用例です。ということは、上の説明からわかるように、「正直言って」、「意外に」という意味で使われているものを探せばいいということになります。

では、選択肢を見てみましょう。

１番：ここで言う「普通の大学生」とは、アイドルとしてテレビに出たり、みんなの注目を集めたりせず、多くの学生と同じ平凡な大学生ということですね。

２番：「中学までの成績は普通だった」というのは、成績が特別良くも悪くもなく、並の水準だったということですね。それは、「高校に入って急に悪くなった」という文からもわかります。

３番：この文では、映画を見る前は、つまらない映画かなと思っていたけれど、実際に見てみたら、その予想に反して意外におもしろかったと言っています。

４番：「普通列車」というのは、各駅に止まる列車のことです。つまりここでは、「普通」の意味は、特別に速くない、という意味です。

ということで、正しい答えは３番です。

Solving Question 19

Question 19 is a question on the meaning of the word "普通 (ordinary)." At the beginning of the text, there are the sentences "フツーにおいしい (it is delicious 'ordinarily')" and "フツーにすごい (it is wonderful 'ordinarily')" where "普　通 (ordinary)" is written in KATAKANA, indicating that "普通 (ordinary)" is being used in a new way. Then, we find on the fifth line that the meaning represents "正直言って (honestly speaking)" or "意外に (unexpectedly)." Well, what meaning does "普通 (ordinary)" have originally? On the seventh and eighth lines, we find that the word means "あまね（普）く通じる、広く行き渡ること (being known to the public in general or being spread widely)", and, more widely, "特別でない、並の水準 (not special, moderate level)."

On the following ninth line, there is "前者 (the former)," which is a word indicating the first thing when two things are written together. Here, the former indicates the meaning "あまね（普）く通じる、広く行き渡る (to be known to the public in general or being spread widely)," and "普通教育 (ordinary (common) education)" and "普通選挙 (ordinary (universal) election)" are used as examples. Therefore, we find "普通列車 (ordinary (local) train)" or "普通科 (ordinary (general) course)" as examples of "後者 (the latter)" meaning which is "特別でない、並の水準 (not special, moderate level)." Turning to the example of "普通の女の子に戻る (returning to an ordinary (average) girl)," it is explained that "普通 (ordinary)" here also has the meaning of "平凡 (unremarkable)."

Well, in Question 19 we are asked to identify examples of "普通 (ordinary)"having the same meaning as "フツー." Therefore, as we see in the above explanation, we should look for what is used with the meaning of "正直言って (honestly speaking)" or "意外に (unexpectedly)."

Let us examine the possible answers.

No. 1: The "普通の大学生 (ordinary (regular) student)" described here means an average, run-of-the-mill student, that is to say, a person who doesn't appear on TV as an idol or singer or attract people's attention.

No. 2: The phrase of "中学までの成績は普通だった (got moderate grades until graduating from junior high school)" means that his/her grades were not particularly good or bad, and were average on the whole. We can also understand this from the sentence "高校に入って急に悪くなった (his/her grades have rapidly become worse since entering senior high school)."

No. 3: The meaning of this sentence is: "Before seeing the movie I had thought it might be boring but when I actually saw it, contrary to my expectations it was interesting."

No. 4: "普通列車 (Ordinary (Local) trains)" stop at every station. Here, the "普通 (ordinary)" means that they don't run so fast.

Accordingly, the correct answer is No. 3.

问题 19 的解答方法

问题 19 写的是关于"普通（普通）"这个词的意思的问题。在文章的开头部分，可以看到"普通（普通）"两个字用片假名写的"フツーにおいしい（没想到挺好吃）"、"フツーにすごい（想不到够棒的）"，文章写到这些是"普通（普通）"一词的新用法。从文章第 5 行中，我们得知"普通（普通）"在这里的意思是"正直言って（老实说）"、"意外に（想不到）"。那么，"普通（普通）"原本的意思是什么呢？ 看一下第 7 ～ 8 行，就可以得知"普通（普通）"原来的意思是"あまね（普）く通じる、広く行き渡ること（处处相通、广泛普及）"，后来因词意进一步引伸，带有了"特別でない、並の水準（不是特别的、一般的水平）"之意。

接着，在第 9 行写有"前者（前者）"一词，这是指在同时写两件事时先提及的一方。在这里指的是"普通"一词"あまね（普）く通じる、広く行き渡る（处处相通、广泛普及）"的原意，作为例子有"普通教育（普通教育）"、"普通選挙（普通选举）"。而"普通列車（普通列车（慢车））"、"普通科（普通科）"这些例子则是"後者（后者）"，即"特別でない、並の水準（不是特别的、一般的水平）"的意思。接着，文章还说到，在"普通の女の子に戻る（回到普通的女孩子）"这样的例子中，"普通（普通）"包含着"平凡（平凡）"的意思。

问题 19 问的是选择答案中的"普通（普通）"，哪个与本文中的"フツー（普通）"意思相同。即，找出上面讲的作为"正直言って（老实说）""意外に（想不到）"这一意思使用的"普通（普通）"。

好，让我们来看一下选择答案吧。

1．这里所说的"普通の大学生（普通大学生）"，指的是与大多数学生一样的平凡的大学生，既不是经常出现在电视里的偶像，也不为人们所注目。

2．"中学までの成績は普通だった（到初中为止的成绩一直很普通（一般））"，这句话说的是成绩不特别好也不特别坏，是一般水平。这意思从"高校に入って急に悪くなった（进了高中成绩一下子坏了起来）"这句话中也能看出来。

3．在这句话中，说的是在看电影之前想这个电影可能没什么意思，但实际一看，没想到却还挺有意思的。

4．"普通列車（普通列车（慢车））"是指每站都停的列车。即在这里，"普通（普通）"是不特别快的意思。

因此，正确答案是 3 。

문19의 해독법

문19 문장은「普通 (보통)」이라는 말의 의미에 대한 문제 입니다. 우선 본문의 시작에「フツーにおいしい (보통으로 맛있다)」「フツーにすごい (보통으로 굉장하다)」라는「普通 (보통)」이라는 말이 가타카나로 적혀진 문장이 있고, 그것은「普通 (보통)」의 새로운 용법이라고 적혀 있습니다. 그리고 그 의미는「正直言って (솔직히 말해서)」「意外に (의외로)」란 의미를 갖는다는 것이 5 번째 줄부터 알 수 있습니다. 그럼「普通 (보통)」은 원래 어떤 의미를 가진 말 일까요? 7~8 번째 줄을 보면「あまね (普) く通じる、広く行き渡ること (보편적으로 통하다, 널리 퍼지다)」또는 거기에서 의미가 넓어져서「特別でない、並の水準 (특별하지 않는, 보통 수준)」이라는 의미를 갖고 있다는 것을 알 수 있습니다.

이어서 9 번째 줄에「前者 (전자)」라고 있습니다만 이것은 두개의 사항을 써 놓았을 때 처음에 적혀 있는 것을 가리키는 말입니다. 여기에서는「あまね (普) く通じる、広く行き渡る (보편적으로 통하다, 널리 퍼지다)」라는 의미를 가리키고 있으며 그 예로서「普通教育 (보통 교육)」「普通選挙 (보통 선거)」가 있다고 말하고 있습니다. 그리고「普通列車 (보통 열차)」「普通科 (보통과)」는「後者 (후자)」즉,「特別でない、並の水準 (특별하지 않은 보통의 수준)」이라는 예에 속한다는 것을 알 수가 있습니다. 게다가,「普通の女の子に戻る (보통의 여자로 돌아가다)」라는 예에서는「平凡 (평범)」이라는 의미가 있다는 설명이 있습니다.

그러면 문제 19번에서 묻고 있는 것은 본문중의「フツー (보통)」과 같은 의미의「普通 (보통)」의 용

례입니다. 이것은 위의 설명에서 알 수 있듯이「正直言って (솔직히 말해서)」「意外に (의외로)」라는 의미로 사용되어진 것을 찾으면 된다는 것입니다.

그러면 선택항을 봅시다.

1번：여기에서 말하는「普通の大学生 (보통의 대학생)」이라는 말은 아이돌로 텔레비젼에 나오거나 모두의 주목을 끌거나 하지 않고 다른 많은 학생들과 같은 평범한 대학생이라는 의미군요.

2번：「中学までの成績は普通だった (중학교때 까지의 성적은 보통이었다)」라고 하는 것은 성적이 특별히 좋지도 나쁘지도 않고 보통의 수준이었다는 이야기군요. 그것은「高校に入って急に悪くなった (고등학교에 들어가서 갑자기 나빠졌다)」라는 문장으로서도 알 수가 있습니다.

3번：이 문장에서는 영화를 보기 전에는 시시한 영화일거라고 생각했지만, 실제로 보니까 예상외로 재미있었다고 말하고 있습니다.

4번：「普通列車 (보통 열차)」라고 하는 것은 각역에 멈추는 열차를 말합니다. 결국 여기에서는「普通 (보통)」의 의미는 특별히 빠르지 않다는 의미입니다.

그러므로 정답은 3번 입니다.

Lời giải câu 19

Câu 19 là đề bài về ý nghĩa của từ "普通 (bình thường)". Trước tiên, ở phần đầu của bài văn có câu mà ở đó từ "普通 (bình thường)" được ghi bằng chữ Katakana là: "フツーにおいしい (Ngon đến không ngờ)" "フツーにすごい (Tuyệt vời đến không ngờ)" và chúng được ghi là cách nói mới của từ "普通 (bình thường)". Và nữa, ý nghĩa của nó theo như ghi ở dòng thứ 5 là "正直言って (thật sự mà nói)", "意外に (không ngờ)". Vậy thì, "普通 (bình thường)" vốn dĩ là từ mang ý nghĩa như thế nào? Nếu ta xem dòng thứ 7~8 thì hiểu là nó có nghĩa là "あまね（普）く通じる、広く行き渡ること (biết rộng rãi, phổ biến rộng khắp)" hoặc với nghĩa rộng là "特別でない、並の水準 (không đặc biệt, mức độ trung bình)".

Ở dòng thứ 9 tiếp thep có ghi "前者 (vế nghĩa đầu)". Đây là từ dùng để chỉ ý viết ban đầu khi hai cái được liệt kê. Ở đây, chỉ ra nghĩa "あまね（普）く通じる、広く行き渡る (biết rộng rãi, phổ biến rộng khắp)", và đưa ra ví dụ là các cụm từ "普通教育 (giáo dục phổ thông)" "普通選挙 (bầu cử phổ thông)". Còn cụm từ "普通列車 (tàu thường)" "普通科 (khoa thông thường)" là mang ý nghĩa "後者 (vế nghĩa sau), tóm lại là ví dụ với nghĩa "特別でない、並の水準 (không đặc biệt, mức độ trung bình)". Hơn nữa, trong ví dụ "普通の女の子に戻る (trở về là người con gái bình thường)" có giải thích là mang nghĩa "平凡 (bình thường, xoàng)".

Vây quay lại vấn đề, điều được hỏi trong câu 19 là ví dụ dùng để giải thích cho từ "普通" có nghĩa như "フツー" trong bài văn. Có nghĩa là, giống như phần giải thích bên trên, ta chỉ việc tìm những từ sử dụng nghĩa "正直言って (thật sự mà nói)", "意外に (không ngờ)" là được.

Do vậy, chúng ta hãy thử xem các phương án trả lời.

Phương án 1: Cụm từ "普通の大学生 (sinh viên đại học thông thường)" nói ở đây là những sinh viên đại học bình thường giống như nhiều sinh viên khác, không phải là các idol lên ti vi hoặc thu hút sự chú ý của người khác.

Phương án 2: Cụm từ "中学までの成績は普通だった (thành tích học tập cho đến cấp hai bình thường)" là thành tích không đặc biệt tốt cũng không đặc biệt xấu, ở mức trung bình)". Từ đó ta có thể hiểu được từ câu "高校に入って急に悪くなった (lên cấp ba bỗng nhiên xấu đi)".

Phương án 3: Trong câu này nói rằng, trước khi xem phim thì nghĩ rằng phim dở nhưng thực tế khi xem thì không ngờ là hay.

Phương án 4: Cụm "普通列車 (tàu thường) là tàu dừng lại ở tất cả các ga lẻ. Tóm lại, "普通 (thường)" ở đây có nghĩa là không nhanh một cách đặc biệt.

Chính vì lẽ đó, câu đáp án đúng là phương án 3.

問 20

「見える魚は釣れない」という言葉が生まれたのは、どうしてですか。

釣りを楽しむために、せっかく釣り場にでかけても、魚がどこにいるのかわからなければ、多くの量のオゾンを吸い、いい景色をながめるだけで終わってしまいます。広い海、流れる川を前にして、魚を探すといっても、潜って水のなかをのぞくわけにはいきません。そんなことをしたら、せっかくの魚が逃げてしまいます。まれに水面近くを泳ぐ魚が見えることがあります。魚が平気で人の見えるところにいるときは、人への警戒心よりもっと大切な理由があるからで、特別な場合をのぞいてエサには見向きもしません。「見える魚は釣れない」という言葉が生まれた理由です。

（藤井克彦『釣りに行こう』岩波ジュニア新書より）

1．人が見えるところを泳いでいる魚は、ふつうエサに見向きもしないから。
2．人からは魚が泳いでいるのが見えても、実際は深いところなので簡単に釣れないから。
3．釣り場のどこに魚がいるのかわからない人は、魚が見えても気が付かないから。
4．人から見える魚は、人を警戒しているので釣ることは難しいから。

問 21

筆者の言う「平凡という偉大な幸福」とは何ですか。

人と違って特別だということは、有名にもなるしいいことのように見えるが、当人にすれば、平凡ほど偉大な幸福はない、と感じているだろう。

時々羽田空港などにお相撲さんやバスケットの選手などがいると、私もチラッと見たくなる。ことにバスケットやバレーの選手は、小人国に紛れ込んで来たガリバーみたいに見えるから、私のように偽善的にちらっちらっとなどでなく、もう嬉しくて嬉しくてたまらないという表情で、にこにこ笑いながらうっとりと見惚れ、ずうっと眺めっぱなしの人もいるくらいだ。選手たちはもう馴れているのかもしれないが、あれではろくろく彼女も連れて歩けない。人の視線というものは、時に温かく、時には緊迫感の原因になる柔らかな凶器であろう。

今さらながら、多くの人に与えられている平凡という偉大な幸福に対して、私たちはあらためて感謝しなければならない。

（曽野綾子『七歳のパイロット』PHP 研究所より）

1．人と違って特別であると、有名になれるかもしれないこと
2．時々空港などでお相撲さんやバスケットの選手などを見ることができること
3．平凡な人は有名人をうっとりと見惚れたり眺めたりできること
4．平凡な人はほかの人の視線をそれほど受けずにいられるということ

パート2

「練習」編

問1

大学生の青山三和さんは夏休み（８月）に留学生のキムさん、ジェニーさん、アンナさんと京都への旅行を計画しています。ただし、４人にはそれぞれ予定があります。全員が参加できる日程はどれですか。

8月

日	月	火	水	木	金	土
	1	2	3	4	5	6
7	8	9	10	11	12	13
14	15	16	17	18	19	20
21	22	23	24	25	26	27
28	29	30	31			

＜４人の予定＞

三和さん：22日から26日まで大学の研修センターで行われる夏期セミナーに申し込みました。

キムさん：姉の結婚式に出席するため、３日から９日まで韓国（かんこく）へ帰ります。

ジェニーさん：毎週月曜日と金曜日、英会話学校でアルバイトをしています。

アンナさん：10日、20日、30日の３日間、教会の行事に参加します。

1．２日から４日までの２泊３日

2．11日から13日までの２泊３日

3．16日から18日までの２泊３日

4．23日から25日までの２泊３日

問２

次の雑誌の説明の内容と合っているものはどれですか。

『ＬＡＤＹ』：ファッション、美容から旅行の情報まで、20代の女性の生き方を応援する月刊誌です。毎月10日に発売。

『季節の料理』：春夏秋冬、それぞれの季節の食材を生かしたおいしい日本料理の作り方が紹介されています。年４回発行。

『カメラファン』：プロカメラマンによるグラビアページ、撮影の技術やカメラ選びなど、カメラ・写真を愛する人のための雑誌です。毎月１日に発売。

『週刊山旅』：日帰りのハイキングから富士登山まで、登山愛好家のための情報誌です。各地の天気の週間予報も載っています。

1．４冊の雑誌のうち２冊が月刊誌だが、発売日はそれぞれ違う。
2．４冊の中の１冊は週刊誌だが、それは若い男性の読者だけを対象にした雑誌だ。
3．４冊の雑誌のうち２冊は、旅好きな若い女性を対象にした週刊誌である。
4．４冊の中の１冊は、世界各国の料理の作り方を紹介する雑誌だ。

問 3

これは大学の定期試験についての注意です。内容と合っているものはどれですか。

国際関係学部

2017 年度前期定期試験について

1．受験の際には、身分証明書（しょうめいしょ）を机上に置き、監督（かんとく）者の確認を受けること。万一忘れた場合は学務課で仮（かり）受験許可（きょか）証（しょう）の交付を受けること。
2．試験開始後 30 分以上の遅刻は認められない。
3．携帯（けいたい）電話は電源を切り、カバン等に収納（しゅうのう）すること。時計として使用することも認めない。
4．電子機器（電子辞書等）を教室に持ち込むことは禁止する。
5．追試験については、履修（りしゅう）手引きの規定に従（したが）うこと。やむを得ない理由を証明（しょうめい）する書類を試験実施（じっし）日の翌日から 1 週間以内に提出（ていしゅつ）。

1．身分証明書（しょうめいしょ）を忘れても、試験は受けられる。
2．試験開始時間に 30 分以上遅れても、試験は受けられる。
3．試験中は、携帯（けいたい）電話を時計代わりに使ってもいい。
4．試験によっては電子辞書を使える場合もある。

問 4

次の文章の（　A　）に入るものとして、最も適当なものはどれですか。

就職活動を始める前から進めておきたいのが、自己分析です。自身の興味や価値観、強み・弱みなどを理解していれば、自分に適した仕事や就職先を選びやすくなるからです。

自己分析は簡単な作業にも見えますが、実はなかなか思うようにはいきません。例えば、長所より短所に目が行ってしまい、「自分はダメな人間だ」と落ち込んでしまう人がいます。果たしてそうでしょうか。

性格が「おとなしい」人は、見方を変えると、「穏やか、協調的」ということかもしれません。「落ち着きがない」人は「積極的、行動力がある」と言えるかもしれません。

（　A　）見方を変えることで、自分の良さに気づいてほしいと思います。

ただ、自分自身を客観的に見つめ直すのは、意外と難しいものです。そんなときは、周囲にいる他人に自分を評価してもらう「他己分析」を活用しましょう。

家族や友だち、ゼミの指導教授、アルバイト先の上司らに、自分の印象や性格についてインタビューしてみてください。事前に質問リストを渡して記入してもらい、その回答をもとに尋ねていくと、より本音が聞けると思います。

（読売新聞 2016 年 5 月 3 日参考）

1．性格は人によってちがいます。

2．ダメな人間だとあきらめなさい。

3．自分の長所を見つけましょう。

4．短所は長所に通じるものです。

問5

日本の住宅が欧米に近づいたことから、日本の家庭はどう変わりましたか。

今の日本の住宅では、多くの家で子どもたちが親たちとは別の独立した部屋をもつようになりました。個人のプライバシーを守り、自由な空間を確保できるという意味では欧米に近づいたといえます。

しかし、昔のように家族がいっしょに食事をしたり、居間に集まって団らんしたりすることが少なくなっています。子ども専用の部屋が、家族と顔をあわせる時間を少なくし、子どもを孤独（こどく）にしてしまう、家族との関係がうまくいかないときに部屋に閉じこもってしまうなどの問題がおきてきました。

便利さと個人の生活を尊重しながら、家族とのコミュニケーションをとりもどしていくにはどうすればよいかが、住まいをめぐる21世紀の課題となっています。

（青木滋一『「日本人」を知る本――人・心・衣・食・住［5］　日本人の住まい』岩崎書店より）

1．個人の自由な生活が全くできなくなった。
2．子どもが家であまり勉強しなくなった。
3．家族が以前よりいっしょに食事をしなくなった。
4．親がときどき部屋に閉じこもるようになった。

問6

次の文章の内容と合っているものはどれですか。

「センスが良い」ってなんでしょう？

自分が「いいな」と思ったものはちっとも流行しない……、と友達が言っていたことがあります。

センスとは、社会性を*踏(ふ)まえたモノ選びのことです。

「自分」「社会」「時代」の3つを客観的に見る目を養(やしな)ったうえで、自分の個性と照らし合わせてモノ選びをすると、「センスが良い」といわれます。つまり、

①自分の体型や年齢、立場を考えること

②時代の空気がどのように流れているのか、つまり「流行」を知ること

③社会状況、政治や経済的な視点(してん)から今の世の中について考えること

この3つが融合(ゆうごう)して「センス」になるのです。

自分の好みに*執着(しゅうちゃく)すると、時代の流れと無関係になり、他人から見たら「ダサイ」ファッションになりがちです。*断片(だんぺん)で見るのでなく、動く時間の流れの中でのファッションを読むこと。これが大事になってきます。

ファッションは天気予報と同じで、キチンと見れば予想がつきます。センスがあまり良くない人というのは、過去の特定の「定点」にしばられて、時代の「動き」が読めない人を指すんですね。

どのような仕事にも「時代を読む目」が必要です。そんな目をファッションに向けると、着る服が変わっていくのです。

（高村是州『ファッション・ライフの楽しみ方』岩波ジュニア新書より）

＊踏(ふ)まえる：考える　＊執着(しゅうちゃく)する：強く心をひかれ、それから離(はな)れられなくなる

＊断片(だんぺん)：小さく切り取られた部分

1．どのような仕事にも合うファッションを身につけることで、センスの良い人になれる。

2．ファッションは、自分の好きな服にこだわらず、時代の流れを読むことが大切だ。

3．ファッションセンスの良い人は、自分の個性が出せるような服をいつも着ている。

4．ファッションは、天気のように毎日変わるのだから、毎日着る服を変えるのが良い。

問 7

「ねこのしっぽ」について、内容と合っているものはどれですか。

ねこの長いしっぽはよく動きます。いったいどんな役目をしているのでしょう。

ねこのしっぽは、体のバランスをとる役割をしています。人間が片足立ちするときに体を動かしたり、両手を広げてバランスをとるのと同じような使い方をしているわけです。ですから、木の上での生活が多い野生のねこは特に長いしっぽを持っています。

また、しっぽはねこの気持ちも表しています。しっぽをまっすぐ立てて人間に寄って来るのは、赤ちゃんねこが母親にあまえるときの様子で、くつろいでいるときはゆったりとふり、おこっているときは左右にはげしくふり、こわいときにはしっぽを下げて毛をふくらませています。しっぽをよく見ていると、ねこのいろいろな気持ちがわかるのです。

（近野十志夫『おもしろクイズ　いぬ・ねこ事典』小峰書店より）

1．ねこのしっぽの役目は、体のバランスをとることではなく、いろいろな動きで気持ちを表すことである。
2．ねこが、しっぽをまっすぐに立てたり、下げてふくらませたりするのは、おこっているときである。
3．ねこのしっぽは、体のバランスをとったり、ねこの気持ちを表したりする役目をしている。
4．ねこのしっぽをよく見ていると、ねこの気持ちがよくわかるので、ねこと仲良くなれる。

問8

若者たちの「せつな主義」とはどういう考え方ですか。

明確な「自分ものさし」を持ち、上からの押しつけを嫌う今時の若者たち。彼らを権威によって強制的に動かそうとするのは、もっとも上手くいかない方法です。

どれだけ社会的立場が高い人からの命令であっても、彼らは、自分たちが納得できないことであれば、積極的に動こうとはしません。

上の世代には、「偉い人が言うのだから従おう」「仕事だから仕方がない。今、我慢すれば……」といったマインドもあったと思いますが、今時の若者たちは、不確かな将来のために今を犠牲にしたくないという「せつな主義」を持っているので、「辞める」という選択をする人が多いと思います。従い続けることも反発することもせず、あっさり会社を辞めてしまう。若者の「スピード退職」の背景には、おそらくそういう事情もあるでしょう。

今時の若者たちのパワーを引き出すためにまず大切なのは、上から目線で「やれ」と命令するのではなく、対等な目線で「一緒にやろう」と語りかけること、そして、誰よりも熱意を持って仕事に取り組み、先頭に立って彼らを引っ張っていこうとすることです。

（藤本耕平『つくし世代　「新しい若者」の価値観を読む』光文社新書より）

1．偉い人が言ったことには従おうとする考え方
2．仕事なら嫌なことでも仕方ないと思う考え方
3．将来のことよりも今を大切にする考え方
4．熱意を持って人を引っ張っていこうという考え方

問 9

「梅雨」の説明として正しいものはどれですか。

日本には梅雨とよばれるものがあります。北海道をのぞく本州、四国、九州の大部分は6月10日ごろから7月10日ごろまで、毎日のようにくもった日や雨の降る、じめじめした天候が続きます。雨量は、年によって多いことも、少ないこともあります。

梅雨入りしたばかりのころは、北東の風が吹いて気温は低く、雨は静かに降ります。中ごろからだんだんと南寄りの風に変わり、湿気が多く、むし暑くなります。このため、いろいろなものがかびたり、くさったりするようになります。

そして、終わりのころには雨は強く降り、かみなりが鳴ったり、ときには豪雨となることもあります。

年によっては雨が少なく、晴天の続くことがあります。これを「からつゆ」といいます。

（菊地家達『総合的な学習に役立つ　新社会科学習事典
②日本の自然・環境とくらしを調べよう』国土社より）

1．梅雨の終わりのころは、北東の風が吹いて気温が低くなり、雨が静かに降る。
2．梅雨は、北海道と九州をのぞく大部分で6月10日ごろから約1ヶ月の間続く。
3．梅雨は、毎年7月10日ごろから始まるが、年によっては「からつゆ」の場合もある。
4．梅雨の中ごろからは、湿気が多くむし暑くなるので、食べ物がくさりやすい。

問 10

「免震住宅」が「耐震住宅」よりすぐれている点は何ですか。

日本は世界でも地震の多い国で、昔から地震に強い建物の研究が行われてきた。柱や壁を多くし、*筋交いを付けたりすることで、大きな地震でも倒壊しない構造となる。これを耐震住宅と呼ぶ。

建物の倒壊を防ぐことは、地震被害を抑えるのに最も効果の高い対策だ。阪神大震災では、倒壊建物などの下敷きとなって圧死したケースが83.3%にのぼった。焼死の中にも、下敷きとなり逃げられなかった人が含まれている。

ところが、建物が倒壊しないような構造になっていても、安心はできない。建物の中の家具が倒れ、それにより圧死したり怪我をしたりする人が多いのだ。そこで免震住宅が注目を集めている。この免震住宅は、基礎と建物の間に免震装置を設置して地震のエネルギーを吸収することによって、大きな揺れを建物に伝えず、小さな揺れに変える。建物の揺れを最小限に抑えることで、家具を倒れにくくしているのだ。

(読売新聞 2003 年 12 月 22 日「免震住宅広がる」をもとに作成)

＊筋交い：建物を強くするために、柱と柱の間に斜めに入れる材木

1. 建物が倒れにくいことです。
2. 壁や柱が多いことです。
3. 家具が倒れにくいことです。
4. 建物が焼けにくいことです。

問 11

次の文章の内容と合っているものはどれですか。

動物のなかで走るスピードのチャンピオンはチーターで、短時間ですが時速150kmに達するといわれています。これは、大草原で獲物(えもの)を捕らえるために天から与えられた才能でしょう。人はとてもこんなに速くは走れませんが、人類は古くから高スピードを実現したいという気持ちに動かされ、さまざまな挑戦(ちょうせん)をしてきました。まず、足がだめなら手を使おうというアイディアがあったと思います。実際、物を投げるときのスピードは走るときのスピードより速く、プロ野球の剛腕(ごうわん)投手ともなれば、時速150～160kmという猛(もう)スピードで投球します。そのスピードはチーター並ということになります。

（阿部龍蔵『物理のトビラをたたこう』岩波ジュニア新書より）

1．プロ野球選手には、チーターが走るのと同じくらいのスピードで投球する人もいる。
2．人が物を投げるときのスピードは、走るときのスピードとあまり変わらない。
3．チーターが走るときの高スピードは、速く走りたいという気持ちによって実現した。
4．動物の中には、獲物(えもの)をつかまえるためにチーターより速く走るものもいる。

問 12

「属人器」について、内容と合っているものはどれですか。

家庭において、お茶わん、おわん、お箸などが、これはお父さんの、これはお母さんのと決まっているのは、日本と朝鮮半島だけだということを知った時は、少し興味をおぼえた。

小さい頃から父のお茶わんやおわんは大きかったし、わたしのものは小さかった。わたしの丸くて小さい茶わんで父がご飯を食べるなど考えられなかったし、わたしが父の長いお箸で食事をできるとも思えなかった。みんなそれぞれに似合ったものを使っていた。

こういう各自の食器を「属人器」というそうだ。いまだに、実家へ帰るとわたしは高校生の頃から使っていたご飯茶わんを使う。

日本の一部の地方や朝鮮半島には、その家の娘が結婚して家を出る時に、本人の茶わんを玄関先で割るという習慣があるそうだ。また、人が亡くなった時も、その人の茶わんを割って別れる。

属人器としての茶わんは不思議だ。いくら持ち主がいないからといって、その人の茶わんを使う気にはなれない。毎日毎食使われるその茶わんは、もうその人自身であるように思えるからかもしれない。

（平野恵理子『和ごころ暮らし』ちくま文庫より）

1．属人器があるのは、日本と朝鮮半島だけである。
2．日本ではどの家でも、人が死んだ時に属人器を割る習慣がある。
3．家族のそれぞれが自分用に使うおわんや箸は、属人器とは言わない。
4．朝鮮半島の家庭では、お父さんの使う茶わんだけを属人器と呼ぶ。

問13

司馬遼太郎（しばりょうたろう）の本をよく読んだ後、筆者の考えはどうなりましたか。

世の中には、水に浮かぶ人間と浮かばない人間の２種類があるようだ。で、私は後者。要するに、ろくに泳げない。だから、海やプールは極力避（さ）けて生きているのだが、この夏は、猛暑（もうしょ）に負けて、近所の公営プールに行った。水に入ったのは何年ぶりだろう。

４、５歳の子が、ばた足の練習をしているのを見て、自分もやってみようと思い立った。ビート板をつかみ、体を伸ばして水をけった。すると、やはり足からじわじわと沈んでいく。「沈むはずないのに」と首をかしげる家族に、先ほどの「人間２種類論」を披露（ひろう）し、浮かばないタイプは「人間としての密度（みつど）が高いからだ」などと解説してみた。まあ、説得力はないようだった。

そんな折、司馬遼太郎（しばりょうたろう）の本を読んでこれだと思った。「水底までずっしりと沈んでしまうほどに自我（じが）の目方が重い」という表現を見つけたからだ。大作家の力を借りて、自分の説を強めるつもりだった。ところが、よく読むと、自尊心ばかりが強く、鼻持ちならない人間を評していることが分かった。なるほど。もう少し、浮かぶ努力をしてみようかな。

（毎日新聞 2004 年８月 23 日より）

1．自分が浮かばない人間であることを再確認した。
2．「人間２種類論」が正しいことを確かめられた。
3．大作家の力を借りて家族を説得しようと思った。
4．浮かぶ人間になるための努力をしようと思った。

問14

佐藤(さとう)教授と鈴木(すずき)教授の会話の内容と合っているものはどれですか。

佐藤教授：鈴木先生の大学では、学生数はどのくらいですか。

鈴木教授：えーと、たぶん一学年400人ぐらいじゃないかと思います。わたしが勤めているA大学は規模(きぼ)が小さいんです。

佐藤教授：先生の講義は何人ぐらいの学生が受けますか。

鈴木教授：いろいろですね。200人ぐらいのもありますし……。

佐藤教授：大学院ではいかがですか。

鈴木教授：大学院になると、クラスの人数はとても少ないです。一番少なくて3人、多くても5～6人です。佐藤先生は、B大学で一週間に何*コマくらい講義をされていますか。

佐藤教授：工学部での講義は、二コマです。

鈴木教授：そんなに少ないんですか。

佐藤教授：ほかに実験がありますから、それを合わせて四コマですね。それから、大学院の講義が一コマ。ですから、全部で五コマになります。

＊ ～コマ：授業・講義などの1時限分の時間。大学では、普通一コマ90分。

1．佐藤教授が勤めているA大学の学生数は、一学年400人ぐらいである。
2．佐藤教授は、大学院のクラスで一週間に五コマ講義をしている。
3．鈴木教授は、200人ぐらいの学生に講義をするクラスを持っている。
4．鈴木教授は、佐藤教授と同じ大学の工学部で実験のクラスを持っている。

問 15

次の文章の内容と合っているものはどれですか。

生物の基本構成単位である細胞の 85 パーセントは水分子で占められている。生物は気体か、液体か、それとも固体か、と問われれば「固体」と答えざるを得ないと思われるが、「水体」というのが最も的確かも知れない。それほど、生物は“水の塊”といえる。

それでは、ヒトの体重に「水分」が占める割合はどれくらいだろうか。

もちろん、読者もご承知のように、個人的なバラツキは少なくなさそうであるが、一般的にいえば、成人男性でおよそ 60 パーセント、成人女性でおよそ 50 パーセント、新生児では 80 パーセントにもなるといわれる。出産後あまり日のたたない子を「水子」というのがうなずける。

全体重に占める水分量は年齢とともに変化する。新生児から成人になるに従って水分量は減少していく。老人になると、肌がカサカサになることからもわかるように、“成年”時代と比べると 10 パーセントほど少なくなるようである。

また、体内の水分と脂肪分とは互いに“相補的関係”にある。つまり、成人女性の水分量は成人男性のそれより 10 パーセントほど少なくなっているが、その分、脂肪分は多いのである。同じ理由で、肥満体の人は脂肪の量が多いので、その分、水分量が少なくなる。やせ型の人は、その逆である。

（志村史夫『「水」をかじる』ちくま新書より）

1．成人男性の体重に「水分」が占める割合は、約 50 パーセントである。

2．成人女性の水分量は、成人男性の水分量より約 10 パーセント少ない。

3．生後間もない子どもの水分量は、成人女性の水分量より約 10 パーセント多い。

4．肥満体の人もやせ型の人も体重に「水分」が占める割合はほとんど同じである。

問 16

次の文章は、小泉さんが大学院に合格した*甥に宛てた手紙です。小泉さんが合格のお祝いとともに彼に言いたいことは何ですか。

> 良男君へ
>
> 日増しに暖かくなってきましたが、その後お変わりありませんか。
>
> このたびは、○○大学の大学院に合格されたそうで、おめでとうございます。ご両親もお喜びのことでしょう。□□学研究科は伝統もあり、これからの学生生活が本当に楽しみですね。
>
> あなたがこの1年間、合格をめざして一生懸命勉強していたことはお母様から聞いています。こうしてよい結果が出たのも毎日の努力によるものでしょう。でも、陰であなたのことを支え、協力してくださったご両親やご家族へ感謝の気持ちも忘れないでください。
>
> 合格のお祝いに、図書カードを贈ります。大学院で使う本は高いものが多いと聞いています。もちろん十分な額ではないと思いますが、書籍代の足しにしてください。
>
> まずは取り急ぎ、合格のお祝いまで。
>
> 小泉健次

＊甥：兄弟・姉妹の息子

1. 授業料だけではなく大学院で使う本は高いので、両親から書籍代をもらう必要がある。
2. 入試に合格するために1年間勉強したことだけが、よい結果を生んだに違いない。
3. よい結果の陰には、自分の努力のほかに両親や家族の力があったことを忘れるな。
4. ○○大学は伝統があるので、今後の学生生活について何も心配する必要はない。

問 17

キャベツとトマトの表記について、内容と合っているものはどれですか。

外来語はカタカナで書きますが、生活に定着して久しいものは、ひらがなで書くものもあります。「かぼちゃ」（国名の「カンボジア」の変化）はその典型的な例です。

キャベツとトマトも、青果店やスーパーの値札では「きゃべつ」「とまと」と書かれることが少なくありません。毎日の食卓で*おなじみの野菜なので、外来語であっても、ひらがなで書くことに違和感がなくなってきたのでしょう。

そんなことを関西での集まりで話したところ、異論が出ました。

「それは東京だけではないですか。関西の店では『キャベツ』『トマト』はカタカナで書きますよ」

えっ、そうなのかな？　ことばの観察を東京だけで行っていると、全国的な地域差を見落としてしまうことがあるものだな。気をつけなくては。そう反省しました。

ところが、実際に大阪のスーパーで観察してみると、「きゃべつ」「とまと」は確かにありました。あまり気に留めないことかもしれませんが、少なくとも東京・大阪ではひらがな表記があるのです。

皆さんの地域ではどうでしょうか。お教えくださいませんか。

（飯間浩明「街のＢ級言葉図鑑」朝日新聞 2016 年５月７日より）

＊おなじみ：みんながよく知っていて、見慣れているもの

１．毎日の食卓によく出てくるので、カタカナで書く。

２．青果店やスーパーでは、カタカナで書かれている。

３．関西ではカタカナで、東京ではひらがなで書く。

４．大阪ではカタカナ表記もひらがな表記もある。

問 18

次の文章の（　A　）に入るものとして、最も適当なものはどれですか。

　私は、障害者のスポーツを考えるときは、「二つのソウゾウリョク（想像力・創造力）と一つの挑戦が大切ですよ」といつもいってきました。

　障害のある人と出会ったとき、つい障害の部位に目がいき、「こんなことはできないだろうな」「あんなことはできないだろうな」と考えがちですが、マイナスに考えるのではなく、「こんなことができるかな」「あんなこともできるかな」とプラスの方向へ想像力を働かせることが大切だと思います。そして、どのように工夫したらできるかと創造力を働かせることにより、できなかったことができるようになり、（　A　）していける自信と勇気が生まれると思っています。

（髙橋明『障害者とスポーツ』岩波新書より）

1．さまざまなことを想像
2．さまざまなことを創造
3．さまざまなことに挑戦
4．さまざまなことを工夫

問19

Ａ大学に通う４人の学生は、○○新聞に載（の）っている「今月の運勢」の欄（らん）を読んで、自分の行動の参考にしています。４人の血液型について正しいものはどれですか。

> **今月の運勢**
>
> **A型**　今月は頭がさえて、アイディアが次々に浮かびます。大学の授業での発表も成功（せいこう）するでしょう。でも、忙しいので健康に注意すること。
>
> **B型**　悩みごとや心配ごとが、たくさん生まれそうです。そんな時は異性の友達に相談しましょう。よいアドバイスをしてくれるはずです。
>
> **O型**　無駄（むだ）な出費が多くなりそうです。車やパソコンのような高い品物を買う場合は、よく考えてからにしましょう。
>
> **AB型**　日ごろの努力が実を結ぶ月です。スポーツの大会や試験などに挑戦（ちょうせん）する人はよい結果が期待できます。忘れ物をしないように気をつけること。

山本　太郎（経済学部１年）：困ったことがあったら、友達の坂井さんに相談するつもりです。

高橋　理恵（文学部２年）：新しいノートパソコンを買おうと思っていたけど、来月にしようかな。

木村　直樹（工学部３年）：来週のサッカーの試合が楽しみだな。前日には持っていく荷物をもう一度確かめよう。

坂井　純子（法学部１年）：今月はすべてうまくいきそうだわ。病気だけはしないように気をつけなきゃ。

1．山本さんがＢ型で、高橋さんがＡ型です。
2．木村さんがＡＢ型で、坂井さんがＡ型です。
3．高橋さんがＯ型で、木村さんがＢ型です。
4．坂井さんがＡ型で、山本さんがＡＢ型です。

問 20

「おいしそうでも落選するサラダ」とは何ですか。

「この味がいいね」と君が言ったから七月六日はサラダ記念日（中略）

この短歌*にちなんで、ここ四年ほど「サラダ記念日・短歌くらべ」という短歌のコンクールを、毎年七月に行っている。サラダをテーマにした短歌を募るのだが、年々応募が増え、今年は七千首近い短歌が寄せられた。実はこの企画が始まったとき、サラダというテーマでは、似たような短歌ばかりが集まってしまうのではないだろうか、という心配もあった。

が、それはまったくの*杞憂で、七千首あれば七千種のサラダがあるのだということを教えられる。たとえば今年、おいしそうだなあと私が思ったものを、ちょっと紹介してみよう。

「夏みかんと白菜のサラダ」「上質のオリーブオイルとゲラントの塩で食べるトマトサラダ」「ミミガーと水菜の琉球サラダ」「ひよこ豆のサラダ山葵風味」などなど。もちろん、これは*レシピのコンクールではないので、おいしそうでも落選するサラダもあれば、切なくて入選するサラダもある。

四季折々、旬の野菜がそこにあれば、それがサラダになる。つまりサラダは日本人にとって、第二のみそ汁のような存在に、なりつつあるのかもしれない。

（俵万智『ちいさな言葉』岩波書店より）

＊～にちなんで：～に関係づけて
＊杞憂：よけいな心配
＊レシピ：料理の作り方

1．見た目が美しくても、食べてみるとおいしくないサラダ
2．おいしそうでもレシピが複雑なので、作りにくいサラダ
3．おいしそうなサラダが出てくるが、ほかと似てしまう短歌
4．サラダとしてはおいしそうだが、作品としてはよくない短歌

問 21

次の文章の（　Ａ　）に入るものとして、最も適当なものはどれですか。

働くなかでの人間関係で、いちばん大切なこと。

それは、「（　Ａ　）」ということ。

あたりまえのことのようですが、実際、社会人になると、できていないことが多いのは事実。

「○○さん、頼(たの)んでおいた資料、できてる？」

「いえ、まだですけど……」

「もうっ！　昨日中にやりますって言ったよね？」

「あー。忘れてました。最近、たくさんの仕事が重なっていたんで……」

「言い訳(わけ)はしない！　会議に資料がないと困るじゃないの」

……となることもあるわけです。

こんな人に仕事を頼みたくないのは、「信用できない」からです。

家族や友だち、恋人(こいびと)との人間関係、社会に出てからの同僚(どうりょう)や会社、取引先との関係も、すべて「信用」のうえに成り立っています。

あなたが友だちに本を貸すのは「返してくれる」と信用しているからでしょう？　お気に入りのヘアサロンに行くのは「素敵(すてき)な髪型(かみがた)にしてくれる」と信用しているから。近所のスーパーに行くのは「いつでも開いている」と信用しているから。

もし、友だちが本を返してくれなかったり、ヘアサロンでひどい髪型にされたり、近所のスーパーが休みがちだったりして信用できなくなったら、がっかりして、もはやいい関係は崩壊(ほうかい)、だんだん離(はな)れていきます。

それと同じで、仕事を頼みたいのは、信用できる人。「この人は約束をちゃんと守ってくれる」と思われる人なのです。

（有川真由美『働くことを考えはじめたとき読む本』PHP 研究所より）

1．約束を守る　　　　2．言い訳(わけ)をしない

3．人を信用する　　　4．借りたものを返す

問 22

次の文章の内容と合っているものはどれですか。

街(まち)のコーヒーショップに立ち寄ると、かかとが着かないくらいの「ハイチェア」を目にする。一人で時間がない時などはよく利用するが、座り心地だけを考えれば、低いものの方が良さそうだ。ところが、ハイチェアが使われる理由は、人間の目線と深い関係があった。

ドトールコーヒーでは現在、座席の１割程度が高めのいすだ。窓際のカウンター、レジや陳列棚(ちんれつだな)の近くに置かれる。

コーヒーを味わってふと顔を上げると、目線の先はガラス越しの通行人や、店内のほかの客たち。広報担当の大高明子さんは「低いと見下ろされる印象になってしまいます」と話す。高い位置から見られるのを嫌(いや)がる心理に配慮(はいりょ)しているのが理由の一つという。逆に店の奥に進むにつれ、低めのいすになる傾向が強いという。

目線が高いと得なこともある。スターバックスコーヒージャパン広報室によると、外の風景を楽しんでもらえる立地の場合、窓際をハイチェアにすることが多い。相手を見つけやすいから、待ち合わせにも便利だ。

（朝日新聞 2003 年 12 月 27 日より）

1．コーヒーショップでは現在、高いいすが低いいすよりも多い。
2．店の奥は低いいすが、窓際には高めのいすが置いてある。
3．コーヒーショップでは、座り心地のよい低いいすが好まれている。
4．客は高いいすに座って他の人を見下ろすのを嫌(いや)がる。

問 23

筆者は、「クラインガルデン」の魅力は何だと言っていますか。

クラインガルデンというのは、ドイツ語で「小さな庭」という意味。日本の*市民農園よりも大規模で、区画ごとに小さな家がついています。農具レンタルもあるので、契約者は苗や種だけ持参すればＯＫ。山梨県や長野県、茨城県などの大規模なクラインガルデンには、週末ごとに都会の*喧騒を離れ、家族連れが訪れます。別荘よりも気軽に、旅行よりも深く自然と触れ合えるちょっとした田舎暮らし。子供に自然との触れ合いを、と思った親が、自分達で育てた野菜の味に夢中になるケースも多いそうです。

＊市民農園：一般の人が、農地を借りて野菜などを育てるところ
＊喧騒：さわがしいこと

1．親子が週末に都会の生活から離れ、気軽に自然と触れ合う機会が持てること
2．親が育てたおいしい野菜を、子供が夢中になって食べるようになること
3．農具や苗、種などすべて用意されているので、何も持っていかなくていいこと
4．週末に、子供だけを預けて田舎暮らしを体験させることができること

問 24

次の文章の（　A　）に入るものとして、最も適当なものはどれですか。

子どもが夜更けて、家を出る。誰も気づかない。気づいても声をかけない。気づかなかったことにしようと、目を閉じる。目を閉じたことへの罪の意識と後悔は、子どもに与えた自由と、それに対する理解で帳消しに出来ると、考える。そうとしか思えない。子どもが夜更けて、家を出て行くのだ。

日が暮れたら真暗になり、社会のすべての機能が休止してしまった昔とは違うのだから、子どもの行動を規制出来ないと、親は無理にも納得する。いや、親自身が既に夜更けて家を出ることに慣れていた世代で、子の身に何かが起こらない限り、大して異常なことだとは思っていないのかもしれない。

24 時間の便利さを売る店や、24 時間の空腹に応えてくれる場所があるのだから、そこへふらりと足を向けて何が悪いと、実はもう（　A　）。

（阿久悠「書く言う」産経新聞 2004 年 7 月 3 日より）

1．親も子も思っていない
2．親は思っているのだが、子は思っていない
3．親は思っていないのだが、子は思っている
4．親子ともども思っている

問 25

次の文章の（　A　）に入るものとして、最も適当なものはどれですか。

すばらしい声に出会った。

タクシーに乗って、行き先について一言問いかけたら、「そうですなあ」という運転手さんの声がいきなりわたしのからだをずしんと打った。ぱあっと包んだ。

あっと思った。やわらかい、あたたかい、つよい、深い。わたしのからだの内に、声に含まれた笑いがゆっくりエコーして来る。これは根っから都会で育ったからだではない。なにかがっしりした、肉体労働で鍛(きた)えられたからだだ、と感じる。といって農作業、というとちょっと違う。声にこもったところがまったくない。少しザラッとかすれた、この声の皺(しわ)のようなものは、力一杯どなりまくっているうちに刻まれてきたものだろう。

以前のお仕事は、と尋(たず)ねると、

「(　A　)」

なるほど、とわたしは思わずうなった。

「は？　なんですか？」

「いや……あの……いい声ですねえ」

「はあ？　わたしがですか？　……いやあ、驚(おどろ)きましたなあ」

「声が太いとは時々言われるが、いい声とは」と苦笑(にがわら)いめいた口ぶりになって、「知多(ちた)半島の突先(とっさき)の浜(はま)で、父親と舟に乗ってました」と言う。

（竹内敏晴『日本語のレッスン』講談社現代新書より）

1．漁師です。

2．タクシーの運転手です。

3．農業です。

4．サラリーマンです。

問 26

泳げるようになるには、何が一番大切だと言っていますか。

泳げるか泳げないか、この差はどこから来るのでしょう。一般的には、泳法技術を体得しているかどうか、その違いから来るといえます。しかし、技術的な問題以前に、心理的な要素(ようそ)も見逃せません。泳げないという人の多くに、水に対する恐怖心が見られるのです。その原因は、例えば、かつて水泳を練習したとき、水を飲んでしまい、息苦しくとても嫌(いや)な思いをしたり、練習のたびに、頭が水没(すいぼつ)して恐くなったりというように、いろいろあるでしょう。

これらのケースに共通しているのは、水に慣れるというステップをおろそかにしていることのようです。早くうまくなりたいと思い、いきなり技術の習得を目指すのですが、水中という環境(かんきょう)に慣れていないと、体が思うように動きません。その結果、ぎこちない動きが頭を水没させ、水を飲んだりする結果になってしまいます。水と空気では特性がまるで違いますから、水中という環境を、まず体で実感する、これが泳ぎの練習におけるファーストステップです。

(柴田義晴『上達する！水泳』ナツメ社より)

1．水泳の技術を身に付けることです。

2．水中という環境(かんきょう)に慣れることです。

3．水泳中に水を飲まないことです。

4．水に入る前に練習することです。

問 27

筆者が火山を好きになった理由として違うものはどれですか。

火山には特有の魅力（みりょく）がある。火山は本当にすばらしい。それでわたしは25年ものあいだ、火山の研究に没頭（ぼっとう）してきた。

火山が気に入った理由は、いくつかある。

第一に、火山を見ると、生きている地球の動きを実感できる。わたしは31歳のとき、伊豆大島（いずおおしま）で大きな噴火（ふんか）に出会った。目の前に、まっ赤に燃えた巨大な火のカーテンが立ち上がった。マグマは地ひびきを立てて、わたしに向かってきた。その迫力（はくりょく）を、いまでも、まざまざと思い出すことができる。

第二に、火山の噴火は簡単な理屈（りくつ）によって説明することができる。一見複雑そうな噴火の仕組みを解き明かしてゆくのは、とてもおもしろい。科学は自然界におきているさまざまな現象の中から、一般的な法則を見つけようとしてきた。火山の現象にも、これがうまくいった例がたくさんある。

第三に、世界中のどの火山でも、噴火には共通点がある。日本の噴火もハワイの噴火も、同じ地球上でおきている現象だからだ。ことばの通じない外国へ行ったときも、火山というキーワードをもっていれば、楽しむことができる。火山を知っていれば、世界が広がるのだ。

（鎌田浩毅『地球は火山がつくった』岩波ジュニア新書より）

1．火山を知っていると、外国に行っても楽しめるから。
2．日本で火山の噴火（ふんか）を体験して、その迫力（はくりょく）を知ったから。
3．火山の噴火がなぜ起きるかを明らかにするのはおもしろいから。
4．ハワイの火山の噴火にはハワイ特有の魅力（みりょく）があると思ったから。

問28

次の文章は日本医師会の横倉義武会長がスポーツと熱中症について話したものです。
熱中症についてわかることはどれですか。

熱中症はなぜ起きるのでしょうか。我々の体温は、37度前後で一番機能するようにできています。上がりそうになると、汗の蒸発や、皮膚に血液を集めることで外へ熱を放散して体温調節します。熱中症は、その異常時。体に熱がたまり体温が上昇する状態です。

軽症の場合、めまいや立ちくらみ。次第に頭痛や吐き気などの症状が出ます。さらに全身のだるさ、暑いのに汗が出にくくなり、放っておくと、意識がもうろうとし、けいれんが起きる。40度以上になると、命にも関係してきます。

スポーツ活動による熱中症は暑くなり始めの7月下旬から8月上旬に多く発生します。ただ、ちゃんと注意すれば大丈夫。運動時に大量の発汗がある場合は、体重減少量の7、8割程度の水分の補給が必要です。その時は塩分も同時に。さらに少し糖分を混ぜたほうがより良いでしょう。

（横倉義武「シンポジウム『スポーツと熱中症』」朝日新聞2016年5月27日より）

1．熱中症によって死ぬことはないが、塩分を加えた水分をとることが必要だ。
2．熱中症は、人の体温が37度前後になったとき、多く発生する。
3．熱中症を防ぐためには、塩分と少しの糖分を加えた水分をとることが有効だ。
4．熱中症は暑さのために、汗が出すぎることによって起こる。

問 29

「先生がびっくりする」理由として、最も適当なものはどれですか。

　塩を軽くふっただけのもぎたてのトマトに、息子はガブリとかじりついた。
「おいしいね」
　ほころんだ口元に、トマトの汁が飛び散っている。

　小学校にあがったばかりの息子が、「学校に行きたくない」と言い出したのは数ヶ月ほど前のことだった。理由を聞くと、給食がいやだと言う。なるほど、息子の野菜嫌いは相当なもので、母親の私もかなり手を焼いていた。
　好き嫌いをなくすいい方法はないかと困っていたとき、ママ仲間からケータイメールにアドバイスをもらった。
『自分で育てた野菜なら食べるんじゃない？』
　さっそく近くの園芸店に行き、苗木を買ってきた。狭いベランダにプランターを並べ、植え替えていく。それから息子と私は、一生懸命ミニ家庭菜園の世話をした。風の強い日は室内に取り込み、うだるような暑さの日には土が乾ききる前に水をやった。

　努力の結晶は、確かに今まで食べたどのトマトよりもおいしい。
「二学期になったら、先生がびっくりするわね」
　息子は少し恥ずかしそうにうなずくと、二つ目のトマトに手を伸ばした。

（NTT ドコモ広告「我が家のちょっとイイ話。」毎日新聞 2004 年 7 月 24 日より）

1．息子が自分一人でトマトを育てたから。
2．息子がトマトを食べられるようになったから。
3．息子が学校にトマトを持って来るようになったから。
4．息子が給食をいやがるようになったから。

問 30

次の文章は子どもの学習方法について述べたものです。内容と合っているものはどれですか。

おとながおとなのやり方や考え方を子どもに押しつけるのが好ましくないのはいうまでもない。教師がこれこそ子どもに適したやり方だと思っている方法があったとしても、それを子どもに強制すべきでもない。すべての子どもが同じやり方を用いなければならない理由はない。

子どものなかにはさまざまな子どもがいる。分析的(ぶんせきてき)に一つ一つじっくりとつみあげていくようにして問題を解決する子どももいれば、直感的な思考にすぐれ一挙(いっきょ)に解決してしまう子どももいる。こうした子どもたちのいろいろなタイプの学習のしかたをもっと大幅にみとめることが必要だろう。学習方法についての「メニュー」をつくり、教師からの「おすすめ品」も含めて子どもに自由に選ばせるのである。

（波多野誼余夫・稲垣佳世子『知的好奇心』中公新書より）

1．子どもは自分で学習方法を見つけられるのだから、教師はやり方を教える必要はない。
2．子どもに適した学習方法を教師が見つけて、すべての子どもにそれを用いるとよい。
3．子どもの学習方法はいろいろあるので、すべての子どもに同じやり方を押しつけてはいけない。
4．子どもの考えた学習方法と教師が考えたやり方の中から、教師が選ぶのがよい。

問 31

筆者の高校のときの先生が「理解できなくてもいいから、とにかく最後まで読め」と言ったのはどうしてですか。

おもしろくない本は、どうしてもおもしろくないし、読むのは時間の無駄(むだ)じゃないかとも思うのですが、これもまた、本という友との*一期一会(いちごいちえ)だと思い、すっ飛ばしてでも、あるいは少しずつ長い時間をかけて、とにかく最後まで読みます。どのような本や映画でもそうですが、ああこれが言いたいことだったのか、という美しいポイントが必ずあります。

高校のときの先生に、理解できなくてもいいから、とにかく最後まで読め、という先生がいて、何を言ってるのだろう、理解できないものを読むのはいやだな、と当時は理屈(りくつ)に合わないことを言う変な先生だと思いましたが、本や映画のどんな駄作(ださく)と言われるものでも、必ず心に残るキラキラとした部分がひとつはあるのです。その実のある部分を発見して役に立てるのは、読む人の力です。

（ミック・イタヤ「固定観念を捨てることこそ創造の源」
『これだけは読んでおきたい　科学の 10 冊』岩波ジュニア新書より）

＊一期一会(いちごいちえ)：一生の間に一度しかない大切な出会い

1．筆者が本を読まないで映画ばかり見ていたから。
2．どんな本にも必ず心に残るようなすばらしい部分があるから。
3．筆者が駄作(ださく)と言われるような本ばかり読んでいたから。
4．おもしろい本は読んでも役に立たないから。

問 32

次の文章から言えることはどれですか。

人間はたえず体内で熱を生産していますが、一方では皮膚や呼吸などを通して外界へ熱を放出しており、この産熱と放熱がバランスをとって体温はいつも一定に保たれています。空気はこのうち放熱と保温に深い関係があります。人体から放熱の多少を左右する空気の物理的性状として、気温・気湿・気流の三つの要素(ようそ)があり、これが組み合わさって放熱の量がかわってきます。もし放熱がさまたげられると人間は暑さを感じるし、逆に多すぎると寒さを感じます。すなわち、人間の感じる暑さ寒さの程度は、空気の三つの物理的要素の総合によってきまるのです。

一般には気温 20℃前後、気湿 40 ～ 60%、やや気流がある程度の環境(かんきょう)の中で人体は最も産熱と放熱のバランスをとりやすく、体温調節が楽に行えます。このような条件を快適な温熱条件と称(しょう)しています。

1．人間は空気の温度が高くなると、体内で熱を生産しなくなる。

2．気温が高いと暑いと感じるのは、放熱が多すぎるからだ。

3．人間は皮膚を通して外界の空気を取り入れると、寒さを感じる。

4．気温・気湿・気流は、人間の体温調節に大きく関係する。

問 33

次の文章で、筆者が最も言いたいことはどれですか。

沖縄・宮古島を訪れた。プールサイドの木陰で寝転ぶと、白雲が紺碧の空に浮かんでいる。地元の人の動きもゆったりしている。

時計が刻む時間はどこでも同じだ、と誰しも思う。しかし南国で過ごすと、物事がゆったりとしていて、「時間にもいろいろある」と実感する。どうも「時間」は絶対ではないようだ。

「時間」の不思議を、生物学者の本川達雄・東京工業大学教授が、広報誌「サントリークォータリー」で書いていた。本川さんは沖縄の人や生物の生活時間の違いに驚き、それぞれの生物に流れる時間を研究するようになったという。

本川さんによれば、動物の心臓の１拍の時間は、体重の４分の１乗に比例。一方、エネルギー消費量は、体重当たりで体重の４分の１乗に反比例する。これから、動物ではエネルギーを使えば使うほど時間が速く進む、という関係を導いている。

現代人は本来の「ヒトの時間」を忘れ、加速する「社会の時間」に流されている。南国の時間の中でのんびりしてきた身には、本川さんの指摘はうなずけることが多い。エネルギーを無駄に使い、環境を破壊し、多くの「もの」を手に入れた。だが、それで幸せなのか――。速まる「時間」の中で考えている。

（読売新聞 2003 年５月７日「ヒトの『時間』社会の『時間』」をもとに作成）

1．沖縄に行って、時計が刻む「時間」は誰にとっても同じように進むものだとわかった。
2．動物の体重、エネルギーと「時間」の関係をこれから研究してみたい。
3．これからも南国で、のんびりした「ヒトの時間」を過ごし、長生きしたいと思う。
4．現代人は、加速する「時間」の中で多くの「もの」を手に入れたが、それで幸せなのだろうか。

問 34

次の文章の内容と合っているものはどれですか。

ベトナムの代表的な料理と言えば「フォー」だ。米粉の麺に熱々のスープを注ぎ、鶏肉や生煮えの牛肉、香草などを乗せて味わう。

うどんのような料理を日本でも広めようと、一般社団法人「日本記念日協会」（長野県佐久市）はこのほど、４月４日を「フォーの日」と定めた。英語の「４」と発音が似ているから、だそうだ。提唱していた*即席麺メーカーのエースコックは「日本の食文化として根付き、多く召し上がっていただけるよう*邁進する」と意気込む。

ベトナム人はどう思っているのか。ハノイの路上でフォーを売り始めて21年になる女性リエンさん（56）は「すばらしい。私も日本に売りに行かなくっちゃ」と大喜び。でも客たちは「発音、似ているかなあ」と首をかしげた。

ベトナム語のフォー（pho）の発音は意外と難しい。「o」に独特な発音と声調の記号がつき、「オ」を「ア」に近い音にして*抑揚をつける。私は英語の「４」のような発音で注文し、通じずに苦労した経験がある。せっかく記念日ができたので、味だけでなく、正しい発音にもトライしてみては。

（朝日新聞 2016年５月９日より）

＊即席麺：インスタントラーメン
＊邁進する：目的に向かって一生懸命努力する
＊抑揚：音を高くしたり低くしたりすること

1．４月４日を「フォーの日」と定めたのは、即席麺メーカーのエースコックだ。
2．フォーは、うどんのような料理だが、まだ日本の食文化として根付いていない。
3．フォーの発音は、英語の「４」の発音に似ているので、発音しやすい。
4．ベトナム人のリエンさんは、日本で21年間フォーを売っている。

問 35

「トマトは野菜である」という判決の理由は何だと言っていますか。

トマトジュースは、野菜ジュースか？

トマトの果汁は、野菜ジュースに入っています。トマトは野菜の一種だということでしょう。ところが、トマトジュースには「果汁」と書いてあります。トマトは果実ですから、「果汁」を「果実の汁」と理解すれば、何の問題もありません。

しかし、手もとにあるいくつかの国語辞典を調べたかぎりでは、「果汁」は「果物をしぼって得られる汁」や「果物をしぼった汁」と書かれています。ということは、トマトは果物ということになります。「トマトは、野菜か、果物か」という“ふしぎ”が発生します。

「野菜か、果物か」の裁判の判決は？

この“ふしぎ”を追って、一九世紀末、アメリカで裁判が行われています。当時のアメリカでは、野菜の輸入には関税がかけられ、果物なら関税がかからないという事情がありました。役人は、「トマトは野菜」として関税をかけようとし、輸入業者は「トマトは果物」と主張して税を逃れようとしました。

裁判の結果は、「この食べ物は、野菜である」となりました。その判決理由は、わかりやすく、「この食べ物は、*果樹園ではなく、野菜畑で育てられる」ということでした。果樹園で育てられるものが果物、野菜畑で育てられるものが野菜という明快な定義でした。

また、「トマトは、食後のデザートにはならない」と補足されました。多くの人々が納得する判決でした。

（田中修『植物はすごい　七不思議篇』中公新書より）

＊果樹園：果物のなる木を育てているところ

1．野菜ジュースとして使われるからです。

2．輸入するとき税金をかけられるからです。

3．野菜畑で育てられているからです。

4．デザートにも料理にも使えるからです。

問 36 次の文章は大学の国際センターから配付された案内です。後の問いに答えなさい。

2017 年度派遣交換留学生募集

青山大学では下記の通り 2017 年度の交換留学生を募集します。オーストラリア、ニュージーランド、中国、台湾、オーストリア、フランス、ドイツ、ギリシャ、イタリア、スイス、アルゼンチン、スペインに約 90 校の協定大学があり、１学年間の交換留学が可能です。

＜募集期間＞　年２回募集します。
秋期募集　2016 年　10 月３日（月）～７日（金）（受付終了）
春期募集　2017 年　３月６日（月）～10 日（金）

＊募集要項は毎年９月に国際センターの窓口にて配付します。
＊出願には、語学能力証明書が必要です。出願時に提出が間に合うように語学能力試験を受けてください。
＊その他、留学に関する情報は、国際センターホームページを確認してください。

Ⅰ 2017 年度の交換留学生募集について、合っているものはどれですか。

1．まだ募集要項を持っている学生はいない。
2．アジアの国の大学へは留学できない。
3．2016 年 10 月から１年間の留学が可能である。
4．出願時に語学能力証明書を提出する。

Ⅱ この案内はいつ配付されましたか。

1．2016 年９月ごろ
2．2016 年 11 月ごろ
3．2017 年４月ごろ
4．2017 年 10 月ごろ

問 37　次の文章を読んで後の問いに答えなさい。

「人」という字は、２人の人間が支えあう姿(すがた)から作られた漢字だと言われている。人は、１人では人ではない。それが*先人の教えだ。そして、人を人間とも言う。人と人の間に何かがあって人間というわけだ。ぼくは、それがコミュニケーションだと思うのである。

人が何故(なぜ)、支えあえるかと言えば、そこにコミュニケーションがあるからだ。身振(みぶ)り手振(てぶ)りや声で届かないとき、人は、例えば*洞窟(どうくつ)の壁(かべ)に絵を描(か)いた。数千年も残った絵は、時を越えて人と人の間に何かを伝えてきた。今の言葉でいえば、洞窟の壁がメディアで、描かれた絵がコンテンツだ。

人は、場所も越えて何かを伝えようとした。草から紙を作る技術を編み出し、そこに*書をしたため、遠くにいる人に何かを伝えた。（　Ａ　）。

そのようなコミュニケーションの中で、人は、*知を貯(たくわ)えていくことになる。誰(だれ)かから受け取った知に、さらに自分の経験で得られた知を加えて他の人に伝えていったのだ。

（杉山知之『デジタルの仕事がしたい』岩波ジュニア新書より）

＊先人：昔の人　　＊洞窟(どうくつ)：崖(がけ)や岩石などにある大きな横穴(よこあな)

＊書をしたためる：文字を書く　　＊知：知恵(ちえ)、知識

Ⅰ　（　Ａ　）に入るものとして、適当なものはどれですか。

１．草がメディアで、紙がコンテンツだ

２．書がメディアで、人がコンテンツだ

３．紙がメディアで、書がコンテンツだ

４．人がメディアで、草がコンテンツだ

Ⅱ　内容と合っているものはどれですか。

１．洞窟(どうくつ)の壁(かべ)に描(か)かれた絵は、場所を越えて何かを伝えてきた。

２．人と人との間にある何かがコミュニケーションである。

３．他の人に伝えていくための知はすべて自分の経験で得られたものである。

４．コミュニケーションとは声が届かない場合に、身振(みぶ)り手振(てぶ)りで伝えることである。

問 38　次の文章を読んで後の問いに答えなさい。

メールが気になってしかたがない人がいます。メールが来ると、すぐに見たくなってしまう。僕（ぼく）の事務所に取材に来るテレビや雑誌の記者が、取材中にメールが来るとやはりどうしても確認せずにはいられないようで、さっとケータイを覗（のぞ）くのを、僕もよく目にします。

そういう態度（たいど）を、僕はとても失礼だと思っています。緊急（きんきゅう）の用事なら、せめて「すみません」と断って、外に出るのがマナーだと思いますし、本来なら、取材のあいだは携帯（けいたい）電話をオフにして、ポケットやカバンにしまっておくべきでしょう。取材の時間はだいたい30分か1時間くらいなのですから、おわってから「すみません。いま仕事中で出られませんでした」と連絡すればすむ話で、そのときに確認しなくてもいいのです。

（ピーター・フランクル『ピーター流生き方のすすめ』岩波ジュニア新書より）

Ⅰ　「おわってから」は何がおわってからですか。

1．電話

2．取材

3．確認

4．メール

Ⅱ　筆者の最も言いたいことはどれですか。

1．仕事で人に会うときには、その人と話すことに集中するべきだ。

2．携帯（けいたい）電話はいつもかばんにしまっておくべきだ。

3．どんなときでも、携帯電話は確認が必要だ。

4．携帯電話を持つべき人と持つべきではない人がいる。

問 39　次の文章を読んで後の問いに答えなさい。

新緑が目にまぶしい季節となりました。皆さんも新しい学年になり、新しい出会いや学びへの期待に胸を躍らせていらっしゃることでしょう。とはいえ新しい出会いにはいつも*一抹の不安や淋しさがともなうものです。または思い描いていたような充実した日々にならなかったり、努力しようと思っていたのにうまく行かなかったり、と*落胆することすらあるかもしれません。そうすると気分が不安定になったり、風邪を引きやすくなったり、消化不良になったり…と気持や身体につらさがにじみ出てしまうこともあります。

そんな時のつらさを和らげる助けになるのがおしゃべりです。愚痴をこぼしてスッキリしたり、同じような体験があることを聴いて安心したり、他人に自分の状況を説明しているだけでも頭の中が整理されて感情をしずめられたりします。皆さんも新しい出会いにちょっと疲れたら、家族や昔なじみの友人とおしゃべりしてみましょう。誰に相談したらいいかわからない時にはお気軽に保健センターへどうぞ。おしゃべりだけのつもりで、顔をみせてくれるとうれしいです！

(長沼洋一「おしゃべりのススメ」2010年4月獨協大学ニュースより)

＊一抹の：ほんの少しの　　＊落胆する：がっかりする

I　筆者が「おしゃべり」をすすめるのはどんな時ですか。

1．充実した日々を誰かに話したいと思った時
2．気分の悪さ・風邪・消化不良などが治った時
3．気持や身体のつらさを少しでも楽にしたい時
4．新緑がまぶしい季節に新しい出会いがあった時

II　内容と合っているものはどれですか。

1．おしゃべりによって気分がスッキリすることはほとんどない。
2．おしゃべりの相手がほしい人は保健センターへ行くといい。
3．おしゃべりは家族より友人とするほうが感情をしずめられる。
4．おしゃべりにはいつも一抹の不安や淋しさがともなう。

問 40 次の文章を読んで後の問いに答えなさい。

さて、わたしたちは病気を大きく二つに分けて「体の病気」「心の病気」としています。これが実は案外に難しいのです。健康な場合は、ここは体が動いている、ここは心が動いているというふうに区別しますか？　しませんね。心と体は一体なんですね。心と体に分けられない状態でわたしたちは生きているのです。ところが病気になると、心と体が分かれてきます。頭が痛い、腹が張る、足がつるといったように。最終的に死んでしまうと、体は腐敗してなくなるし、心も地上では消えてしまいますよね。

本来、健康なときは一体となっているものが、病気になると体のどこかが「*ままならない」「どうも変だ」となり、病院へ行く。するとこれこれの病気だと医者が診断するのです。心の場合ですと、どうも心が変になる。心が「ままならない」状態になるわけです。健康なときには自分の心は自分で支配しているつもりですけど、心の病気と言われる状態になると支配できなくなる。逆に体が心に支配され、（　A　）の異変がきっかけで、（　B　）な症状となってあらわれることもあるくらいです。そういうことが心の病気と呼ばれる状態と言っていいと思います。

（土居健郎・齋藤孝『「甘え」と日本人』角川書店より）

＊ままならない：思うようにならない

Ⅰ　（　A　）（　B　）に入るものの組み合わせとして適当なものはどれですか。

1．A：体　B：精神的

2．A：体　B：肉体的

3．A：心　B：精神的

4．A：心　B：肉体的

Ⅱ　心と体について、筆者が述べていることはどれですか。

1．病気のときは、心と体が区別される。

2．健康なときは、心と体が区別される。

3．死んでしまうと、心と体が区別される。

4．心と体は、健康なときも病気のときも一体だ。

問 41　次の文章を読んで後の問いに答えなさい。

多くの人が納得できる、ものごとの決め方。これには大きく分けて２つの方向があります。

ひとつは、正しいと考える人の多い主張を認めることです。ただし、何が正しくて何が正しくないと考えるかは、人によって異なります。そんななかで、正しいかどうかをどうやって判断するのでしょう。その基本は、よく話し合い、それを通じて自分の主張の正しさを多くの人に知ってもらうことです。あるいはそういう主張を文章にして発表したり、場合によっては映画や演劇という形で発表したりすることもあります。そういう表現の自由をできるかぎり守ってきたのも、人類の大切な知恵なのです。そのようにして、強いか弱いかでものごとを決めるのではなく、正しいか正しくないかで決める。これが民主主義といわれるものの基本的な考え方です。

もうひとつの決め方。それは強い弱いにほとんど関係なく決まる、偶然の結果に頼ることです。たとえば同学年の友だちが集まって*スゴロクをするときに、誰が最初にサイコロを振るか。これは誰が最初だから正しいとか正しくないとかいう問題ではありません。でもいちばんケンカの強い子が、「うるせぇ、オレが最初だ」と力ずくで決めるのもおかしな話です。そういうときには、誰にも平等に勝つチャンスがある、なんらかの偶然性に任せるのがいちばんいいのです。

（加藤良平『多数決とジャンケン　ものごとはどうやって決まっていくのか』講談社より）

＊スゴロク：日本の伝統的なゲーム遊び

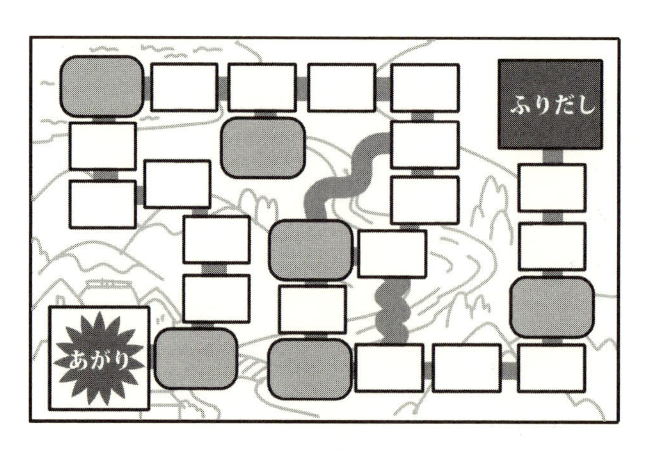

スゴロク

サイコロ

I 文章の下線部「<u>人類の大切な知恵（ちえ）</u>」とは何ですか。

1．ものごとを決める２つの方法を考えたこと

2．自分の主張の正しさを自由に表現してきたこと

3．映画や演劇を作り出したこと

4．偶然の結果でものごとを決める方法を考えたこと

II「多くの人が納得（なっとく）できる、ものごとの決め方」にあてはまらないのはどれですか。

1．多くの人が正しいと考えた主張で決めること

2．強いか弱いかでものごとを決めること

3．正しいか正しくないかでものごとを決めること

4．偶然の結果によって決めること

問 42　次の文章を読んで後の問いに答えなさい。

「あっ　しまった！　あれがない」というとき、夜中ならまずコンビニにかけこむ。実際には広さに限りがあって、商品数は多くても3000種だ。コンビニならなんでもあると思ってしまうのは、コンビニが何が売れるか予想して、たえず商品を選びぬいているからだ。

季節(きせつ)ごとに、なくてはならない商品がある。たとえば、３月には引越し用のガムテープや*軍手(ぐんて)、年末は年賀状(ねんがじょう)と、売れそうなシーズンには在庫を切らさないように発注し、目立つ場所で売り切ってしまう。

１日にいくつも売れるわけではないが、いつも置いておかなければならないものもある。たとえば、蛍光灯(けいこうとう)・トイレットペーパー・乾電池(かんでんち)・履歴書(りれきしょ)・香典袋(こうでんぶくろ)・ロックアイス・ヘアカラー・傘(かさ)などだ。売れるときに商品がないことをチャンスロスといって、コンビニではいつも気をつけている。こうしたものが売り切れていると、店への信頼度が落ち、次からはそのコンビニには行かなくなるからだ。

タバコやガムは好き嫌(きら)いがはっきりしていて、いつも決まった物を買うことが多いので、たくさんの種類を置いたほうが米客数が伸びる。タバコは100～130種もそろっている上、*タスポを出さずに買えるので、まとめ買いされる。タバコの販売は、自動販売機も含めて町並みなどに応(おう)じて25～300メートル以上の距離(きょり)をとらないと許可されないので、どのコンビニでも扱(あつか)っているわけではない。タバコを販売できるかどうかは、お客を継続(けいぞく)して呼ぶための重要なポイントになっている。

（坂口美佳子『なるほどデータブック①　コンビニのしかけ』大月書店より）

＊軍手(ぐんて)：作業用の手袋

＊タスポ：自動販売機でタバコを買うためのカード

Ⅰ　どこのコンビニに行っても、いつでも売っている商品はどれですか。

1．ガムテープ

2．乾電池

3．タバコ

4．軍手

Ⅱ　コンビニが「チャンスロス」を防ぐためにしていることはどれですか。

1．年末には年賀状を置いておく。

2．季節に関係なくトイレットペーパーを置いておく。

3．梅雨の季節には傘を置いておく。

4．たくさんの種類のガムを置いておく。

問 43　次の文章を読んで後の問いに答えなさい。

小学生や中学生のころは、友達とお小遣いの話をよくしました。仲のよい友達と、ひと月のお小遣いがいくらぐらいなのか、親からもらうお小遣いには何が含まれるのかを話したりしました。お互いに情報交換することで、親にお小遣いの額を増やしてもらえるよう交渉する材料をそろえたものです。（中略）

高校生や大学生になってアルバイトを始めると、親からもらうお小遣いの話ではなく、自分の職場の時給や、ひと月に稼ぐアルバイト代について話すようになります。同じコンビニのアルバイトなのに、友達のところが自分よりも時給が高かったりすると（　A　）。時給が高くても、肉体的につらいアルバイトや、深夜から朝にかけてのアルバイトだと、そこまでしてお金を稼ごうとは思わなかったりもします。（中略）

しかし会社に就職すると、突然、お互いの給料やボーナスの話をしなくなります。どうしてなのでしょうか。僕は三つくらい理由があるのではないかと思います。

一つ目は、同じ年齢なのに給料の差がかなり大きいからではないでしょうか。月給とボーナスを合わせると年間で数十万、場合によっては数百万円の差が出てしまうことも珍しくありません。もちろん、それだけの成果をあげていたり、たくさん残業したりしているのかもしれませんが、みんな自分の会社で一生懸命に働いているわけです。それなのに、友達と給料の額がすごく違っていたら悲しいし、腹が立つかもしれません。

二つ目の理由は、アルバイトのように簡単に仕事を替えるのは難しいということです。どんなに友達の会社の方が給料が高いという話を聞いても、その会社にすぐ転職できることなど稀だからです。（中略）それに、給料が高いからとか、友達が働いているからという理由で転職するような人を雇う会社もありません。もっとよい会社を見つけたら、やっぱりそちらに転職してしまう人を雇いたいとは思わないでしょう。

三つ目は、お金によって友情が台無しになるのが怖いからです。これまでは持っているお金の額もそんなに違いがないわけですから、どこへいっても*割り勘だったりします。友達があなたを遊びに誘うときだって、どこで何をするかなんてそこまで気を遣いません。しかし、もらっている給料があまりにも違うことを互いに知ってしまったら……。どんなに一緒だったら楽しいと思っていても、相手の気持ちではなく、<u>相手の*懐を気にして</u>誘えなかったりしてしまいます。これまで築いてきた人間関係を壊したくない、だからお金に関するプライベートな話はできるだけ避けるようになるわけです。

（工藤啓『16 才のための暮らしワークブック』主婦の友社より）

＊懐（ふところ）：胸の内ポケット

＊割り勘（わりかん）：何人かで食事などをしたとき、かかった金額を人数で割って支払うこと。

Ⅰ　（　Ａ　）に入るものとして最も適当なものはどれですか。

1．うれしくなります

2．不安になります

3．元気になります

4．がっかりします

Ⅱ　「相手の懐（ふところ）を気にして」とは、どんな意味ですか。

1．相手がどんなことを考えているかを気にして

2．相手がどのくらいお金を持っているかを気にして

3．相手の好きな遊びかどうかを気にして

4．相手の好きな食べ物かどうかを気にして

Ⅲ　会社に就職（しゅうしょく）すると、突然お金の話をしなくなる理由として、違うものはどれですか。

1．親からお小遣い（こづかい）をもらうことがなくなってしまうから。

2．同じ年齢なのに給料の額がすごく違うことがあるから。

3．友達との関係が壊（こわ）れてしまうのがいやだから。

4．簡単に転職することは難しいから。

問 44　次の文章を読んで後の問いに答えなさい。

①　学校の成績が悪かった大学生のなかには、
「自分は頭が悪い」
　などと、知的能力の不足などのように、変えようのない素質的なものが原因であるとする学生がいます。しかし、別の学生は、
「この秋は勉強するよりも、学園祭で忙しかったので、成績が悪かった」
　などと、原因として一時的な状況的理由をあげる学生もいます。
②　学生が自分の成績が悪い原因を一時的に *帰することができるものにするか、能力のように変えようのないものにするかは、その後の行動に影響を与えます。もし学生が自分の学業問題の原因を、知的能力不足に帰するなら、
「勉強してもどうせできないのだから」
　などと考えるようになり、勉強しようとする動機づけは弱くなり、改善があまり期待できないことになります。さらに学業成績が悪いことが心配で不安になり、そのことがさらに勉強の邪魔になると考えられます。
③　しかし学生が自分の成績が悪いことを、努力不足や他に興じていたことなどの一時的な原因に *帰属させるとしたら、次回に努力すれば、成績の改善が見込めると思うので、成績が悪くても落ち込むようなことはありません。
④　このことは、悪い学業成績について自分の頭の悪さなどへ帰属させている学生の考えを改めさせれば、学生の成績を改善できるということになります。そのように考えた心理学者のウィルソンたちは、次のような実験を行いました。
⑤　試験の成績が悪い、またリポートをきちんと提出しない、大学中退を考えているなどの学業問題を抱えている一年生の学生を、被験者として集めました。そして、この学生たちに、悪い学業成績についての原因をたずね、それが固定的な原因であった場合、一時的な原因に変えるように方向付けました。
⑥　具体的な方法としては学生たちに実際の例を示したのです。学生たちと同じように、一年の時に成績が悪かったにもかかわらず、後で成績が改善した先輩の例についてのリポートを読ませました。また、ビジュアルでも一年生の時よりも成績点の平均が上がった先輩のビデオを見せました。
⑦　その結果、自分の悪い学業成績について、個人の *属性から一時的な問題に変えるこ

とができました。そして、その後の成績が上がりました。

⑧　悪い成績を頭の悪さに帰属させず、ウソでもいいから、努力不足や外的要因に帰属させることが成績向上の決め手になるようです。

（齊藤勇『人はなぜウソをつくのか？』毎日新聞社より）

＊（〜に）帰する：〜に責任があると考える、〜のせいにする

＊帰属（きぞく）させる：責任があると考える

＊属性（ぞくせい）：性質

I　成績が悪い原因として「頭の悪さ」と同じ意味に使っている言葉はどれですか。

1．努力不足

2．固定的な原因

3．外的要因

4．一時的な問題

II　成績の改善（かいぜん）が期待できる学生は次のどれですか。

1．成績が悪かった大学一年のすべての学生

2．成績が悪いのは、自分の頭が悪いせいだと思っている学生

3．努力が足りないから成績が悪いと思っている学生

4．リポートが出せないので大学をやめようと思っている学生

III　筆者の考えが書かれていない段落の組み合わせはどれですか。

1．①と③

2．②と⑤

3．⑤と⑥

4．⑥と⑧

パート3

「実践」編

問１

これは大学の国際交流センターのお知らせです。内容と合っているものはどれですか。

国際交流センターからのお知らせ

夏期語学研修説明会

4月21日（木） 12：30～13：10 3101教室

アメリカ、カナダ、イギリス、中国、韓国にある協定校の合同説明会です。

英語、中国語、韓国語の単位認定の対象となります。

留学説明会

4月26日（火） 12：30～13：10 3102教室

大学在学中に留学を考えている人はぜひ参加してください。

新入生はオリエンテーションで配布した「留学ハンドブック」を持ってきてください。

上級生で新しいハンドブックを希望する人は、会場で配布します。

＊いずれの日も昼食持ち込み可。

1．語学研修に参加すると、語学の単位が取れます。
2．この説明会は卒業後に留学を希望する学生のためのものです。
3．「留学ハンドブック」はだれでも会場でもらえます。
4．説明会場で昼ご飯を食べてはいけません。

問2

次の文章の内容と合っているものはどれですか。

オランウータンは、チンパンジーと多くの共通点を持ちながらも、どこか違う特徴を持っていて、ヒトの進化やそのつながりを知るうえでも無視できないものがある。

チンパンジー、ゴリラがヒトの祖先と二つに分かれたのが数百万年前と言われているのに対して、オランウータンとヒトの祖先が二つに分かれたのは700万～千数百万年前といわれている。古く二つに分かれたといわれながらも、森のなかで出会う彼らの表情、態度は、チンパンジーとはまた違う、私たちへの近さを感じさせるものがある。

（鈴木晃『オランウータンの不思議社会』岩波ジュニア新書より）

1．オランウータンとチンパンジーには、共通する点はあまりない。
2．オランウータンとチンパンジーは、その特徴に全く違いはない。
3．チンパンジーがヒトの祖先と分かれたのは、オランウータンがヒトの祖先と分かれたのより前である。
4．オランウータンがヒトの祖先と分かれたのは、ゴリラがヒトの祖先と分かれたのより前である。

問 3

「スーパームーン」について正しいものはどれですか。

「スーパームーン」という言葉を聞いたことがありますか。スーパームーンというのは、月がちょうど満月のときに、地球との距離が近づいて、いつもより月が大きく見えることです。今年 11 月 14 日には、68 年ぶりにスーパームーンになりました。

月と地球が近づくときの距離は、太陽の重力の影響によって毎年変わりますが、その距離の平均は、約 38 万 4400 キロです。今年は、それより 3 万キロ近く少ない約 35 万 6500 キロまで近づいた日が満月の日と重なったので、スーパームーンが見られました。前回スーパームーンが見られたのは、68 年前の 1948 年でしたが、次は 2034 年になるとのことです。

1. スーパームーンは、太陽の重力の影響で、月が太陽に近づいて大きくなることである。
2. 満月の日に、月と地球の距離が近づくことによって、スーパームーンが見られる。
3. 月と地球の距離が約 35 万 6500 キロになると、いつでもスーパームーンが見られる。
4. スーパームーンは、68 年前に見られたが、次に見られるのも 68 年後である。

問４

どうしてお正月になると、おせち料理を食べるのですか。

日本には、昔からお正月におせち料理という特別な料理を食べるという伝統があります。

このおせち料理には、毎日欠かさず、ごはんを作ってくれるお母さんたちを、お正月ぐらいは休ませてあげようという意味がこめられています。そのため、長持ちするおせち料理を年末にたくさん作っておき、お正月中はそれを食べるのです。

おせち料理には、縁起のよい食べ物がたくさん入っています。たとえば、数の子には「子どもの数が多く、子孫が栄える」という意味があります。エビは「腰が曲がるまで長生きできるように」、黒豆は「まめ（まじめ）に暮らす」といった意味です。

１月７日には、セリやナズナといった七種類の草を入れて作るおかゆ「七草がゆ」を食べます。元気で暮らせるようにと願った風習ですが、おせち料理やおもちなどをたくさん食べて疲れた胃を、休める意味もあるようです。

（読売新聞 2004 年 1 月 10 日「おしえて」をもとに作成）

１．お母さんが１年間元気で暮らせるように願うため。

２．おもちを食べすぎて疲れた胃を休ませるため。

３．毎日ごはんを作ってくれるお母さんを休ませるため。

４．数の子や黒豆を食べると長生きできるため。

問5

次の文章の内容と合っているものはどれですか。

スマートフォンやタブレット端末が広まった今、メールやＳＮＳで、変換ミスや打ち間違いをしたまま文章を送信してしまった経験は誰にもあるはず。気づいても手遅れで、どうにも気になる。では、読み手はどのくらい気にするのか。米ミシガン大のチームが米科学誌プロスワンに発表した論文によると、その人の性格によって異なるらしい。

同居人募集の広告を見た人がメールを送ってきたという設定で、つづりや文法にミスがある12通のメールを用意。それを19歳から62歳の男女83人に見せ、それぞれのメールを書いた人に抱いた印象や、書き間違いに気付いたかなどを尋ねた。さらに性格テストを受けてもらった。

その結果、年齢や学歴、読書習慣にかかわらず、性格が内向的な人は書き間違いをする人を否定的にとらえる傾向があった。一方、外向的な人は、つづりの誤りを単純ミスととらえ、あまり気にしていなかった。

現実には、性格をよく知らない相手に重要なメールを送ることも多い。送信前にしっかり確認するに越したことはない。

（朝日新聞2016年5月5日より）

1．性格が外向的な人は、メールでつづり字などの単純ミスをすることが多い。

2．メールの打ち間違いを気にするかどうかは、年齢によって異なる。

3．内向的な性格の人は、外向的な人よりメールの打ち間違いを気にする。

4．メールの打ち間違いは単純ミスであるから、気にする人は少ない。

問6

次の文章の（　A　）に入る言葉として、最も適当なものはどれですか。

　負けるが勝ち――というのは、相手に勝ちを譲ってやることが、結局は相手に勝つことになるという意味である。それはどんな場合か。相手と対等の立場に立たず、相手よりも優越した次元に身をおいて、負けてやることができる、そうした場合である。もっと具体的にいうなら、「負ける」という日本語のなかには、相手に花をもたせ、自分は実を取る、そのような暗黙の計算がふくまれているのだ。だから、取り引きの際に値段を引くのを「負ける」というのである。

　この場合、「負ける」とは、相手の要求に屈するということだが、相手の要求に屈しても売手はけっして損害をこうむったわけではない。たしかに利益はいくばくか減じはしたが、それでも儲(もう)けはちゃんと確保されているのだ。むろん相手もそれを知っている。知っていればこそ、「負け」を相手に強要するのである。したがって、こうした取り引きの前提は「負けるが勝ち」といってもいい。売手は負けることによって、結局は（　A　）のだから。

（森本哲郎『日本語　表と裏』新潮文庫刊）

1．暗黙の計算をしている
2．相手に値引きを強要する
3．損害をこうむってしまう
4．儲(もう)け、勝利を得る

問 7

次の文章の内容と合っているものはどれですか。

テレビは、映像情報に深くかかわっているだけに、目に見える部分、光の当たっている部分の情報を伝えることになりやすい。テレビが多くの情報を伝えれば伝えるほど、テレビのカメラが置かれていないところ、テレビカメラのアングルに入ってこない死角の部分、テレビのライトが当っていない暗い部分があること、そして、テレビでは映像化しにくい重要な情報のあることを考えなければならない。テレビによって見えている部分と見えない部分とを総合的に判断することによって、初めて、真実に近づくことができるのだ、といえる。

（岡村黎明『テレビの明日』岩波新書より）

1. テレビに映っていない暗い部分や見えない部分こそが真実を伝えるものだ。
2. テレビに映っていない部分のことも考えないと、真実には近づけない。
3. テレビに映らないところがないように、ライトやカメラをうまく使うべきだ。
4. テレビをたくさん見れば見るほど、真実に近づくことができる。

問8

「メラトニン」について正しいものはどれですか。

春の朝は眠い。布団を出るのが、とてもつらい季節です。こう感じるのは、日照時間が長くなり、体のリズムが微妙にずれるのが原因のようです。

眠りには、脳の中にある「松果体（しょうかたい）」という器官から分泌される「メラトニン」というホルモンが関係しています。メラトニンは光センサーのように、暗い時にたくさん分泌され、明るくなると減ります。

眠る時はメラトニンが増え、起きる時は減ることが確認されていますが、メラトニンが眠りの「結果」なのか「原因」なのかは、実のところ、はっきりしていません。

時差と戦う航空会社の国際線乗務員らに、メラトニンを飲んでいる人は多いようです。また、渡米する知り合いに「買って来て」と頼む方もいるようです。米国では、ドラッグストアで手に入りますから。

でも、メラトニンは睡眠薬ではないので、飲んでもすぐに眠れるわけではありません。むしろ、眠っている時間帯をずらすためのものなのです。海外旅行の時は、現地時間を想定して、３日ぐらい前から計画的に飲み続ける必要があります。

（斎藤恒博「リズムずらすメラトニン」朝日新聞 2003 年 4 月 19 日より）

1．メラトニンを飲めば、すぐに眠ることができる。
2．メラトニンは、ぐっすり眠った結果、脳から分泌されるホルモンである。
3．朝、明るくなると、メラトニンがとても多く分泌されるようになる。
4．メラトニンを飲むと、眠る時間帯を変えることができる。

問9

「広い意味をあらわすことば」に当たるものはどれですか。

日本語のことばは、和語・漢語・外来語などさまざまな種類のことばからなっているが、その中心は何といっても和語である。それは漢字が伝わる前から使われており、日本固有のことばと考えられている。「やま」「かわ」「はな」「とり」「かぜ」「つき」といった2音節の名詞や、現代語の形で示せば「ある」「くる」「さく」「ない」「さむい」「しずか」といったことばがそれに当たる。

例えば、「やま」ということばがあり、その下にもう少し限られた意味をもつ「冬山」「裏山」「砂山」などの山の家族のことばがたくさんある。さらにその下に、「山歩き」「山火事」「山の手」といった「山」の親類のことばが広がって、大きな「山」の語族を作っている。この中には、「火山」「登山」のような漢語も混じってくるが、外来語はめったにあらわれない。

このように、基本的な意味をあらわす語彙(ごい)は和語が中心となり、それが枝分かれした一部に漢語が出てくる、というのが日本語の語彙の構造である。つまり、広い意味をあらわすことばほど安定しており、外来語や新語が進出するのは比較的狭い意味を受け持つ部分にすぎないのだ。

(中村明『センスある日本語表現のために』中公新書より)

1. 和語
2. 漢語
3. 現代語
4. 外来語

問 10

筆者は図書館の本（A）と本屋さんの本（B）とをそれぞれ何にたとえていますか。

同じように本がたくさん置いてあるけれど、図書館に行きたいときと、本屋さんに行きたいときの気分は、ずいぶん違うような気がする。

たとえば図書館に行きたくなるのは、のんびりしているとき。ともだちとの仲がうまく行っているとき。わりと食欲のあるとき。一方、本屋さんに行きたくなるのは、てきぱきとした気分のとき。甘いものを食べすぎたあと。誰（だれ）に電話してもいなくて、所在なくなってしまったとき。

図書館にいると、三十分や一時間くらいは、すぐに過ぎてしまう。好きな果物のみのっている森の中を散歩しているみたいな感じだ。どんな本を手に取っても、とがめる人は誰もいない。これ読みなさいよ、とせまってくる人もいない。図書館の本は、ほとんど自己主張をしない。どちらかといえば、「手に取らないで」と言っているようにさえ見える。そういう隠れた本を見つけたときの嬉（うれ）しさ。だから、図書館は気分のゆるりとしたときに行くのだ。気が急（せ）いていては、森の葉の間に隠れているいい果物を見つけられない。

本屋さんの本は、これと反対に、みんな自己主張している。「わたしを買ってよ」とくちぐちに叫んでいる。親鳥を待っている*雛（ひな）みたいな感じだ。ちょっとうるさいけれど、元気が出る。てきぱきと有能な気分のときに、本屋さんは手を広げて迎えてくれる。

（川上弘美『ゆっくりさよならをとなえる』新潮社刊）

＊雛（ひな）：生まれたばかりの鳥

1．A：親鳥　B：雛（ひな）
2．A：果物　B：雛
3．A：森　　B：果物
4．A：雛　　B：果物

問 11　次の文章を読んで後の問いに答えなさい。

12月22日は冬至(とうじ)。一年のうちで一番昼間が短い。夜が長いとも言える。長くて寒い夜はゆっくりお風呂に入るのがいいというわけで冬至は柚子湯(ゆずゆ)ということになったのだろう。

むかしから、柚子(ゆず)や蜜柑(みかん)を湯に入れると湯冷めをしないとも言われる。*血行がよくなるということもあるらしい。蜜柑の皮などを干しておいてお風呂に入れる人もいるくらいだ。

冬至は柚子湯のほかに、南瓜(かぼちゃ)を食べる習慣もある。南瓜は本来、夏も終わりごろに収穫するもの。今でこそ一年中食べられるが、昔は冬に南瓜を手に入れるのは難しかっただろう。私の子どもの頃は冬至の前になると八百屋(やおや)の店先に並んだ。その後はまた姿を消したと思うのだ。たぶん冬至南瓜として一定期間だけ売られていたのだろう。

（沖ななも「歌暦春夏秋冬」朝日新聞 2009 年 12 月 19 日より）

＊血行：血の流れ

Ⅰ　「冬至(とうじ)は柚子湯(ゆずゆ)」という習慣の説明として、正しいものはどれですか。

1．冬至は一年で一番昼が長いので、ゆっくりお風呂に入れるように柚子(ゆず)を湯に入れた。

2．冬至は一年で一番寒いころなので、湯冷めをしないように柚子を湯に入れた。

3．冬至は一年で一番夜が短いので、血行がよくなるように柚子を湯に入れた。

4．冬至は一年で一番寒いころなので、蜜柑(みかん)の皮の代わりに柚子を湯に入れた。

Ⅱ　「冬至南瓜(かぼちゃ)」について、違うものはどれですか。

1．現在では冬至のころだけ南瓜を食べることができる。

2．昔は冬至のころに南瓜を手に入れることが難しかった。

3．現在でも冬至に南瓜を食べる習慣がある。

4．昔は冬至の前の一定期間だけ店先に並んだ。

問 12　次の文章を読んで後の問いに答えなさい。

世のなかに「おもしろい本」というものはありません。読んだ人がおもしろいと感じる本が、その人にとってのおもしろい本なのです。みなさんの目にふれる読書案内は、著者が「おもしろい」と評価した本を紹介したものです。本の案内人は、小説家、翻訳家、児童文学者、書評やコラムなどの*執筆者（しっぴつしゃ）、編集者、図書館員、教員のほか、読書経験の豊富な人など、本の*達人（たつじん）たちです。

「読書案内」にはいろいろなタイプがあります。自分にとって*かけがえのない本を人生と重ね合わせて紹介する。この時期にぜひ読んでもらいたい本をすすめる。何人かで本を選び、それらの優（すぐ）れているところを語り合う。どのタイプにも共通しているのは、ほんとうに本が好きで、本の魅力を人に知ってもらいたいという熱意です。とりあげる本が、著者の好みにかたよるのではと、考える人がいるかもしれません。でも、それでいいのです。この本はここがいい！　この本の良さを味わってほしい！　というアドヴァイスを受け入れるかどうかは、みなさんの自由なのですから。

（田中共子『図書館で出会える 100 冊』岩波ジュニア新書より）

＊執筆者（しっぴつしゃ）：書いた人　　＊達人（たつじん）：学問や技術に優（すぐ）れた人

＊かけがえのない：大切な

Ⅰ　この文章に出てくる「本の達人（たつじん）」に当てはまらないのはどれですか。

1．小説家

2．図書館員

3．児童文学者

4．みなさん

Ⅱ　読書案内にはいろいろなタイプがありますが、共通しているものは何ですか。

1．本を人生と重ね合わせて紹介すること

2．特別の時期に読んでもらいたい本をすすめること

3．本の魅力を知ってもらいたいという熱意をもって紹介すること

4．著者の好みで本をすすめること

問 13　次の文章を読んで後の問いに答えなさい。

きちんと人に通じる、そしてオリジナリティがある文章を書くトレーニングとしてすすめたいのは、映画を見てそれについて書いてみることである。

映画を見て、いいと思えばそれをだれかに語りたくなる。その語りたくなるエネルギーを活用して、文章で表現してみるのだ。

映画は基本的に映像が主体であるから、まず、その映像表現を言語に変えていく時点で書くことの根本的な力が問われる。

また、映画はストーリー性もあり、２時間程度で完結しているので、書く素材として非常に適している。

それに比べると、読書感想文などは、書く力よりもむしろ読む力が問われるものだ。正しく読むことができていれば、一定レベルのものは書ける。

（　Ａ　）、映画を見て書くとなると、映像を見て感じたなんとも言えない*モヤモヤした感情を言語化しなくてはならない。これは書くという行為の本質に近い。

何だかわからないけれど、自分の中に何かモヤモヤした何かがあるという状態がある。「書く」とは、そこに焦点を当てていく行為である。（齋藤孝『原稿用紙 10 枚を書く力』大和書房より）

＊モヤモヤした：実態がはっきりしない様子

Ⅰ　（　Ａ　）に入ることばは何ですか。

1．それに

2．つまり

3．ところが

4．したがって

Ⅱ　文章を書くトレーニングについて、筆者の考えと合わないものはどれですか。

1．映像表現を言語に変えていくことは書くことのよいトレーニングになる。

2．読書感想文を書くことは、映画について書くよりもよいトレーニングになる。

3．「書く」ということは自分の中のモヤモヤした何かに焦点を当てることである。

4．自分の感情を言語化することは書くことの本質に近い。

問 14　次の文章を読んで後の問いに答えなさい。

新入社員を迎えて1か月ほどたつと、会社の*上役を嘆かせることの一つに、“文字や文書の書き方を知らない若者が多い”ということがあります。

「あまりに汚い字や誤字、脱字だらけの文書を見ると、つい人柄まで疑いたくなる」、「報告書の書き方ひとつ知らないのか！」等々、各社の上役の共通した感想です。

会社には、連絡メモや報告書、回覧文書、伺い書など、新人でも書かねばならない文書がたくさんあります。“文字は人なり”と、昔からよく言われますが、文字や文書があまりにひどければ、取引先や上役に不快感を与え、軽蔑されます。

文書の作成について、苦手意識をもっているフレッシュマンが多いようです。が、ビジネス文書は、慣れれば難しいものではありません。なぜならば、ビジネス文書には、決まり文句や基本的フォームなどの規範があるので、これにそって書けば、*無難にこなせるからです。上役を嘆かせた新人でも、１年たてば、企画書や伺い書を簡単に書くことができるようになります。　（『新編テーマ別資料現代社会 2009』東京法令出版より）

＊上役：上司

＊無難にこなせる：ある程度できる

Ⅰ　“文字は人なり”と最も関係のあることはどれですか。

1．文書の作成について、苦手意識をもっている人が多い。
2．あまりに汚い字を見ると、つい人柄まで疑いたくなる。
3．文字や文書があまりにひどい人も１年たてば、上手になる。
4．文字を書けない人は誤字、脱字だらけの文書を書く。

Ⅱ　簡単に文書が書けるようになるにはどうしたらいいですか。

1．取引先や上役に文字や書き方を教えてもらう。
2．取引先や上役の人柄を覚える。
3．決まり文句や基本的フォームを覚える。
4．決まり文句や基本的フォームを気にしない。

問 15　次の文章を読んで後の問いに答えなさい。

自立ということを依存（いぞん）と反対である、と単純に考え、依存をなくしてゆくことによって自立を達成しようとするのは、間違ったやり方である。自立は十分な依存の裏打ちがあってこそ、そこから生まれでてくるものである。（略）

自立と言っても、それは依存のないことを意味しない。そもそも人間は誰かに依存せずに生きてゆくことなどできないのだ。自立ということは、依存を排除（はいじょ）することではなく、必要な依存を受けいれ、自分がどれほど依存しているかを自覚し、感謝していることではなかろうか。依存を*排（はい）して自立を急ぐ人は、自立ではなく孤立（こりつ）になってしまう。

このあたりのことが未だあまりわからなかった頃、私はヨーロッパに行き、ヨーロッパの人たちは日本人より自立的だから、親子の関係などは、日本よりはるかに薄いのだろう、などと勝手なことを考えていた。ところが、実際にスイスに行ってみると、親子が離れて暮らしている場合、電話で話し合ったり、贈物をしたり、あるいは、時に会食したりする機会が日本人より、はるかに多いことに気づいて不思議に思ったことがある。これをよく観察して思ったことは、彼らは自立しているからこそ、よくつき合っているのだ、ということであった。つまり、つき合いの機会を多くすることによって、自立を*破壊（はかい）されるというおそれを感じていないのである。　（河合隼雄『こころの処方箋』新潮社刊）

＊排（はい）する：とりのぞく　＊破壊（はかい）する：こわす

Ⅰ　筆者の考える自立と対立するものは何ですか。

1．依存（いぞん）　2．孤立（こりつ）

3．破壊（はかい）　4．感謝

Ⅱ　スイス人の親子の関係について、本文の内容と合っているものはどれですか。

1．日本人の親子よりはるかに関係が薄い。

2．日本人のように子の自立を急ぐ親は少ない。

3．離れて暮らしている場合、日本人のように電話で話し合ったりしない。

4．離れて暮らしている場合、日本人より会食する機会が多い。

問 16 次の文章を読んで後の問いに答えなさい。

勉強のパターンには二種類あります。スクールのようなところに通って学ぶパターンと、一人で学んでいくパターンです。

前者は、人の助けを借りて勉強していくため、自分が*ダレそうになっても続けられるというメリットがあります。ただし、スケジュールはスクールに合わせなければなりません。後者の独学のメリットは好きな時間に勉強できるということですが、一方で、独学には継続のための強い意志が必要となります。

（　A　）、独学の成功・不成功には意志の力の強弱が関係しますが、意外にも、その*段取りの悪さが命取りだったりします。

勉強する環境をどのようにこしらえるか、これは長時間継続する勉強の*必須条件と言えるでしょう。独学ができない人に共通しているのは、勉強の段取りの悪さです。

（南雲治嘉『100の悩みに100のデザイン　自分を変える「解決法」』光文社新書より）

＊ダレる：気がゆるむ

＊段取り：やり方の手順

＊必須：絶対に必要な

Ⅰ　独学のメリットは何ですか。

1．できない時には人が助けてくれる。

2．意志の強さは全く必要としない。

3．いつでも好きな時間に勉強できる。

4．ダレそうになっても続けられる。

Ⅱ（　A　）に入るものとして、最も適当なものはどれですか。

1．もちろん

2．たとえば

3．おそらく

4．なぜなら

問 17 次の文章を読んで後の問いに答えなさい。

私は仕事柄(がら)、アナウンサー志望の大学生に「アナウンサーになるには、どのような勉強をしたらいいですか？」とよく聞かれます。

これに対する私の答えはこうです。

「あなたが目指すアナウンサーをまず見つけてください。そして、その人を真似(まね)してみてください」

つまり、理想の人を模倣(もほう)するということです。これこそ良いアナウンサーになる近道なのです。

（1）<u>理想のアナウンサーが伝えるニュースを録画し、その音声を自分で*原稿に起こす。そして、録画した映像を再生して見ながら、一緒に原稿を読んでみるのです。</u>

声の大きさ、テンポ、息継ぎのタイミングなどをひたすら模倣する。自分が目標とするアナウンサーのやることですから、（2）<u>勉強にならないわけがありません。</u>

こうして勉強すると自分が真似できない下手な部分が*浮(う)き彫(ぼ)りになります。これが大切なのです。

まずは自分の喋(しゃべ)り方の欠点を把握(はあく)する。現状を把握することで、足りない点を自分なりに工夫して改善すればいいのです。

繰り返しますが、そのためには自分の喋りの欠点を浮き彫りにする作業が必要です。

これは普段の話し方や会社でのプレゼンテーションの仕方などにも同じことが言えます。自分の周りに目標となる人を見つけ、その人のやり方を密(ひそ)かに観察し、模倣するのです。

サラリーマンの場合、新入社員として入社した時点では、電話の対応や名刺交換も*ままならないものです。そんな頃、誰もが先輩社員のやることを自然と観察し、見習うと思います。

模倣するということは、（　A　）ということなのです。

習字にしても、武道にしても、音楽にしても、お手本を見ながら、模倣することから始めます。喋りも同じです。まずは、とにかく模倣しましょう。

（山中秀樹『伝える技術 50 のヒント』ソフトバンク新書より）

＊原稿に起こす：文書として読める形にする

＊浮(う)き彫(ぼ)り：物事がはっきり目立つように表れること

＊ままならない：思うようにできない

Ⅰ　下線部（1）のような作業が必要なのはどうしてですか。

1．電話の対応や名刺の交換が上手になるから。

2．自分の喋(しゃべ)り方の欠点がよくわかるから。

3．理想の先輩社員と仲良くなれるから。

4．アナウンサーはニュースを知らなければならないから。

Ⅱ　下線部（2）はどんな意味ですか。

1．必ず勉強になります。

2．あまり勉強になりません。

3．勉強になることもあります。

4．勉強になるはずがありません。

Ⅲ　（　A　）に入るものとして最も適当なものはどれですか。

1．目指す

2．工夫する

3．見習う

4．繰り返す

著者

三上京子（みかみ　きょうこ）

元国際交流基金日本語上級専門家（ニュージーランド教育省）。国際基督教大学卒業。早稲田大学大学院日本語教育研究科博士課程修了。日本語教育学博士。著書に『日本語の教え方 ABC』『日本語上級読解』（アルク、共著）『新訂版　読むトレーニング　基礎編　日本留学試験対応』（スリーエーネットワーク、共著）など。

山形美保子（やまがた　みほこ）

日本語ボランティア任意団体「LTC 友の会」副代表。津田塾大学卒業。テンプル大学教育学科修士課程修了。著書に『日本語の教え方 ABC』『日本語上級読解』（アルク、共著）『新訂版　読むトレーニング　基礎編　日本留学試験対応』（スリーエーネットワーク、共著）など。

青木俊憲（あおき　としのり）

埼玉県立越谷西高等学校教諭。立教大学文学部日本文学科卒業。埼玉大学大学院文化科学研究科修士課程修了。著書に『新訂版　読むトレーニング　基礎編　日本留学試験対応』（スリーエーネットワーク、共著）。

和栗雅子（わくり　まさこ）

国際基督教大学卒業。著書に『改訂版どんなときどう使う日本語表現文型 500』『新装版どんなときどう使う日本語表現文型辞典』『どんなときどう使う日本語表現文型 200』『日本語の教え方 ABC』（アルク、共著）『実力日本語・練習帳・上下』（東京外国語大学留学生日本語教育センター編、共著）『チャレンジ　日本語＜読解＞』（国書刊行会、共著）『短期集中　初級日本語文法総まとめ　ポイント 20』『中級日本語文法要点整理　ポイント 20』『新訂版　読むトレーニング　基礎編　日本留学試験対応』（スリーエーネットワーク、共著）など。

翻訳　Alexander Cox, スリーエーネットワーク（英語）　徐前（中国語）
姜瑢嬉（韓国語）　LÊ LỆ THỦY（ベトナム語）

イラスト　内山洋見

新訂版　読むトレーニング　応用編
日本留学試験対応

2005 年 4 月11日　初版第 1 刷発行
2010 年12月 1 日　改訂版第 1 刷発行
2017 年 3 月 1 日　新訂版第 1 刷発行
2021 年 1 月13日　新訂版第 3 刷発行

著　者　三上京子　山形美保子　青木俊憲　和栗雅子
発行者　藤嵜政子
発　行　株式会社　スリーエーネットワーク
〒 102-0083　東京都千代田区麹町 3 丁目 4 番
トラスティ麹町ビル 2 F
電話　営業　03(5275)2722
編集　03(5275)2725
https://www.3anet.co.jp/
印　刷　萩原印刷株式会社

ISBN978-4-88319-747-7 C0081
落丁・乱丁本はお取替えいたします。

新訂版　読むトレーニング　応用編　日本留学試験対応

解答・解説

スリーエーネットワーク

パート1

問１　正解３

問２　正解２　申込書を見ると、「駅から徒歩５分以内」を希望していますから、「Nハウス」や「国際会館」が含まれる選択肢３と４は違います。また、家賃は「４万円まで」ですから、１のさくら荘(そう)も違います。

問３　正解４　枠(わく)の中の棒(ぼう)グラフのすぐ上に「その理由は？」とあり、その右のかっこの中に「二つまで選択」と書いてありますから、食べる理由を一つだけ答えるという選択肢１は違います。また、棒グラフの上（枠の外）に「最初」と答えた人が51％、「最後」と答えた人が49％とあるので、２も違います。さらに、「最後」と答えた人の理由で一番少なかったのは、「満腹でも好物ならおいしい」ですから、３も違います。「最初」と答えた人の理由で最も多かったのは「できたてを食べたい」ですから、正しい答えは４です。

問４　正解３

問５　正解２　本文の１～４行目までに賞味期限の説明があり、その対象が牛乳や冷凍食品、鶏卵(けいらん)などだと書いてあります。選択肢１は、３行目の「すぐに食べられなくなるわけではない」に合いません。３は、４～６行目の「消費期限」の説明から違うとわかります。また、調理パンや総菜(そうざい)、食肉などは「消費期限」を表示すると書いてありますから、４も違います。

問６　正解２　９～11行目から、答えは選択肢２だとわかります。１は「何もしないでじっとしているのが」、３は「同じ作業を続けると」が本文の内容と違います。４は本文に書かれていません。

問７　正解２

問８　正解３　本文の５～６行目に「切れた音をきいてから受けた側も受話器をおく」とありますから、かけた側が「先に切る」ことがわかります。ですから、（　Ａ　）は「かけた側」です。「料金も先方が払っている」の先方とはかけた側ですね。６～７行目の「また何か思いつく」のも、「言おうとしたら」も、「かけた側」です。ですから（　Ｂ　）は「受け手」となります。

問９　正解３　この文章で、対になっているキーワードは「分析」と「総合」です。第１段落で「分析」の説明を、そして第２段落で「総合」の説明をしています。本文の４行目と、６～８行目に答えがあります。

問10　正解２

問11　正解３　この文章は、前半に「野山でのフィールドワーク」、後半に「都市でのフィールドワーク」のことが書かれています。（　Ａ　）には前半の文章と後半の文章の関係を表す言葉が入ります。前半の文章の最後の部分４～６行目には野山に比べて都市の悪い点が書かれています。そのあとに、「（　Ａ　）わたしは好きです」とありますから、（　Ａ　）には反対の意味を表す接続語「しかし」が入ります。選択肢１は「野山での」、２は「つまり」と「野山での」、４は「ですから」が違います。正解３のポイントは、接続語「しかし」と「都市でのフィールドワークも」の「も」です。

問12　正解２　Ａ～Ｄを見ると、それぞれに指示語が入っています。この指示語に注目して、順番を考えていきましょう。最初の文では「読む意欲を失ってしまう」とありますから、よくないことが書いてあります。Ｂは「その経験があり、書物を投げ出したこともあった」と、ここでもよくないことを言っていますから、「その経験」が最初の文の内容を指していることがわかります。ここで、選択肢１～４を見るとＢの次に続くのはＤだということがわかります。Ｄは先輩の忠告で、Ａに「そう言われてみると」とありますから、次にＡが続きます。

問13　正解３

問14　正解１　答えは６～７行目の「第一の理由は……」と８～10行目の「第二に……」にあります。選択肢２は７～８行目と、３は３行目の「２を下回り」と合いません。４は、６～７行目の「第一の理由」と合いません。

問15　正解４　３～４行目に「礼儀正しい」を挙げた人が「７割を超えた」とありますから、選択肢１は違います。「親切」は71％で「勤勉」は77％ですから、２も違います。調査について、２行目に最新が

「第13次」とありますが、これは第13回の意味ですから、3も違うことがわかります。「他人の役に」については、下から3行日に「毎回少しずつ増加し」とありますので、4が正しいです。

問16　正解1

問17　正解3　時間は「灰色の男たち」に盗まれています。7～9行目から、「灰色の男たち」は時間の節約（と貯蓄）を人間にさせることによって、時間を盗んでいることがわかります。人間は「「よりよい生活のため」と信じて、時間を節約」しているのですから、選択肢3が答えです。

問18　正解1　この文章のキーワードは、「梅雨型」・「夕立型」という対になっている比喩表現です。2行目からの段落は「梅雨型」について、5行目からの段落は「夕立型」について書かれています。そして、そこまで読むと7～8行目の「どちらがいいのかは、いうまでもない」の意味がわかります。ですから、1が正解です。9行目からの段落はふたたび「梅雨型」について書かれているので、選択肢2は答えではありません。3は「上司の性格とは無関係」が違います。4は本文の内容と全く反対です。

問19　正解3

問20　正解1　正解は「見える魚は釣れない」のすぐ前の文にあります。選択肢2、3は本文に書かれていません。4は5～6行目を読めば本文と違うことがわかります。

問21　正解4　第1段落で、筆者は、人と違って特別な人は、「平凡ほど偉大な幸福はない」、つまり、平凡なことは幸福だと感じていると書いています。そして、第2段落で、体の大きいバスケットやバレーの選手がほかの人に見られることについて、筆者は「あれではろくろく彼女も連れて歩けない。人の視線というものは、……凶器であろう」と書いていて、よくないことだと考えていることがわかります。平凡な人はこのような視線を受けなくてよく、これが、「平凡という偉大な幸福」を指していることがわかりますから、答えは選択肢4になります。

パート2

問1　正解3　選択肢1はキムさんが、2はジェニーさんが、4は三和さんが参加できません。3は4人とも予定がありませんから、この日程が正解です。

問2　正解1　本文から『LADY』と『カメラファン』が月刊誌で、発売日はそれぞれ10日と1日ということがわかりますから、選択肢1が正解です。2は、週刊誌は『週刊山旅』1冊ですが、「若い男性の読者だけ」が本文と違います。3は、週刊誌は『週刊山旅』1冊ですから、違います。4は『季節の料理』のことですが、「世界各国の」が違います。

問3　正解1　試験の注意1から選択肢1が答えだということがわかります。注意2に、「認められない」とありますから、2は違います。また、注意3に「認めない」とありますので、3も違います。注意4に「持ち込むことは禁止」とありますから、4も違います。

問4　正解4　（　A　）のあとの「見方を変えることで」という言葉がヒントになります。「見方を変える」という言葉は、6行目にもありますが、ここを見ると、短所を長所として見ていることがわかりますから、「短所は長所に通じる」と書いてある選択肢4が答えになります。

問5　正解3　本文の4～5行目に答えがあります。選択肢1は「全くできなくなった」が2～3行目と、4は「親が」が5～7行目と合いません。2の「あまり勉強しなくなった」は、本文に書かれていません。

問6　正解2　11～13行目から答えは選択肢2だとわかります。1、3、4の内容は、どれも本文に書いてありません。

問7　正解3　答えは2行目と5行目にあります。選択肢1は「体のバランスをとることではなく」が、2は「しっぽをまっすぐに立てたり」が本文の内容と合いません。4は本文に書いてありません。

問8　正解3　7行目の「せつな主義」のすぐ前の説明を読むと、選択肢3が正しいことがわかります。1と2は、第3段落の始めに書いてあるように、若者ではなく、上の世代の人たちの考え方ですから、正しくありません。４は最後の行に書いてありますが、これも若者ではなく、若者を指導する立場の人の考え方について言っていることです。

問９　正解４　答えは４～６行目にあります。選択肢１は「終わりのころ」が４行目と、２は「九州をのぞく」が１行目と、３は「７月10日ごろから始まる」が２行目と合いません。

問10　正解３　この問題では免震(めんしん)住宅について聞いていますから、免震住宅について書かれている部分を探すと９～11行目にあります。11行目から選択肢３が答えだとわかります。

問11　正解１　答えは１行目と６～７行目にあります。選択肢２は「あまり変わらない」が５～６行目と、３は「速く走りたいという気持ちによって」が２～３行目と、４は「チーターより速く走るものもいる」が１行目と合いません。

問12　正解１　本文の１～２行目に答えがあります。選択肢２は「どの家でも」が９～11行目と合いません。３は「属人器(ぞくじんき)とは言わない」、４は「お父さんの使う茶わんだけを」が７行目と合いません。

問13　正解４　もう一度、問を見てください。「よく読んだ後」の「よく」が重要です。本文の11行目に、「よく読むと」という言葉があります。その次の文によく読んだ後に思ったことが書いてあります。選択肢１～３は司馬遼太郎の本を最初に読んだとき（よく読む前）に思ったことですから、正解ではありません。

問14　正解３　答えは５行目にあります。選択肢１は「佐藤(さとう)教授」が、２は最後に佐藤教授が、「大学院の講義は一コマ」と言っていますから、違います。４は「同じ大学……」が違います。

問15　正解２　答えは６行目と12～13行目の２ヶ所に書かれています。選択肢１は「約50パーセント」が６行目と、３は「約10パーセント多い」が６～７行目と、４は「ほとんど同じである」が最後の２行と合いません。

問16　正解３　答えは８行目の「でも、」から始まる文に書かれてます。選択肢２は「１年間勉強したことだけ」の「だけ」が違います。１の「両親から……」以下、4の「何も心配する……」以下は本文に書かれていません。

問 17　正解 4　4～5行目に、「毎日の食卓でおなじみの（＝毎日の食卓によく出てくる）野菜なので、……ひらがなで書く」とありますから、選択肢1は違います。2も、3～4行目に「『きゃべつ』『とまと』（＝ひらがな）と書かれることが少なくありません」と書いてありますから、違うことがわかります。12～13行目に、「大阪ではひらがな表記がある」とありますから、3も違います。7～8行目と11～12行目から、大阪ではカタカナとひらがながどちらも使われていることがわかりますから、4が正解です。

問 18　正解 3　この文章には、最初の2行に「想像力」「創造力」「挑戦」という三つのキーワードが出てきます。筆者はそのうちの「想像力」と「創造力」の二つを働かせることにより、もう一つのキーワードである「挑戦」する自信と勇気が生まれると思っているのです。ですから選択肢3が正解です。

問 19　正解 2　それぞれの血液型の今月の運勢と4人の学生の言っている内容を比べてみると、山本さんがB型、高橋さんがO型、木村さんがAB型、坂井さんがA型だということがわかります。ですから、答えは選択肢2です。

問 20　正解 4　この文章のキーワードは「サラダ」ですが、食べるサラダの意味で使われているところと「サラダをテーマにした短歌」（3行目）の意味で使われているところがあります。問の「おいしそうでも落選するサラダ」は、すぐ前に「これはレシピのコンクールではないので」とあるので、短歌のことだとわかりますから、選択肢1と2は答えではありません。3の「ほかと似てしまう」は、5～8行目に「似たような短歌ばかりが集まってしまう……という心配……は……杞憂（＝よけいな心配）で、七千首あれば七千種のサラダ」とありますので、合っていません。「落選する」のは作品としてよくないからなので、4が正しい答えです。

問 21　正解 1　この文章では全体を通して「信用」について述べていますが、「人を信用する」ことではなく、「人から信用される」ことの大切さについて述べていますので、選択肢３は答えではありません。最後の２行を見ると、「仕事を頼みたいのは、信用できる人」とあり、それは「『約束をちゃんと守ってくれる』と思われる人」とありますから、１が答えになります。２と４は信用されるうえで大切なことの一つの例なので、答えとしては十分ではありません。

問22　正解２　四つの選択肢の「高いいす」「低いいす」という言葉に注意して本文を読みましょう。４行目と９行目から選択肢２が答えだとわかります。１は４行目から、答えではありません。３は７～８行目に「低いと見下ろされる印象になってしまいます。……高い位置から見られるのを嫌がる」とありますから、「低いいすが好まれている」とは言えません。４は本文に書かれていません。

問23　正解１　本文には「クラインガルデンの魅力が何か」とはっきり書いてあるわけではないので、文章全体から筆者の言いたいことをつかまなければなりません。文章全体をまとめると選択肢１のようになることがわかります。選択肢２は「子供が夢中になって食べる……」が本文の最後の文と、３は「苗、種などすべて用意されている」が３行目と、４は「子供だけを預けて……」が４行目と合いません。

問24　正解４　本文の２～３行目に「子どもに与えた自由」と書いてあるように、子どもが夜遅く出かけることを、子ども自身は悪いとは思っていません。問題は、親がどう思っているかです。６～８行目に、「親自身が……大して異常なことだとは思っていない」とあるので、親も悪いと思っていないということがわかります。

問25　正解１　本文に出てくるタクシーの運転手の以前の仕事を聞いていますから、２ではありません。本文の最後の文に「舟に乗っていました」とありますから、答えは１です。

問26　正解２　３～６行目に泳げない人が水に恐怖心を持っているということが書いてあり、続く７行目に「これらのケースに共通しているのは、水に慣れるというステップをおろそかにしている」とあります。

８～９行目にも「水中という環境(かんきょう)になれていないと、体が思うように動きません」とありますから、泳げるようになるのに大切なのは、水に慣れることだということがわかります。

問 27　正解４　選択肢１は 13 ～ 14 行目、２は４～７行目、３は８～９行目に書かれています。４は本文に書かれていません。

問 28　正解３　答えは９～ 10 行目にあります。選択肢１は「死ぬことはない」が６行目と合いません。２は１～２行目と合いません。４は「汗が出すぎることによって」が３行目と合いません。

問 29　正解２　この文章には、息子が野菜（トマト）を食べられるようになったことが書かれています。母親である筆者はそのことについて「二学期になったら、先生がびっくりするわね」と言っているわけですから、正解は選択肢２です。１は「自分一人で」が本文の 11 行目と合いません。また、息子は以前給食がいやだと言っていたのですから、４の「給食をいやがるようになった」も違います。３は本文に書いてありません。

問 30　正解３　１行目に「子どもに押しつけるのが好ましくない」、３～４行目に「すべての子どもが同じやり方を用いなければならない理由はない」とあり、５～７行目には子どものいろいろなタイプの学習のしかたについて書かれていますから、答えは選択肢３になります。最後の文から、１と４は答えではありません。２は３～４行目から答えでないことがわかります。

問 31　正解２　本文の８～９行目に答えがあります。「キラキラした部分」とは「すばらしく輝いている部分」の意味です。筆者は「どのような本や映画」にもそんな部分があることがわかったわけですから、選択肢１、３は違います。また、先生は「おもしろい本」のことは言っていませんから、４も違います。

問 32　正解４　６～７行目から答えは選択肢４だとわかります。「空気の三つの物理的要素(ようそ)」とは、「気温・気湿・気流」を指しています。１は１行目に「たえず体内で熱を生産している」とありますから違います。２は「放熱が多すぎる」が、３は「外界の空気を取り入れる」が

５～６行目と合いません。

問 33　正解４　答えは最後の段落にあります。選択肢１は、３～５行目から筆者の考えと合いません。２は本川さんが研究していることで、筆者は研究したいとは言っていません。また、３は本文には書いてありません。

問 34　正解２　第２段落に「うどんのような料理を日本でも広めようと」とありますから、正しい答えは選択肢２です。４月４日を「フォーの日」と定めたのは、「日本記念日協会」なので１は違います。最後の段落から、「フォー」の発音は難しく、英語の「４」と発音したら通じなかった、とあるので３も違います。３段落目を読むと、４も違うことがわかります。

問 35　正解３　このタイプの問題は文章から必要な情報を探す読み方をするといいです。問に「『トマトは野菜である』という判決の理由」とありますから、「裁判(さいばん)の判決は？」という見出しのついた後半の文章の「裁判の結果は」で始まる段落を見るとわかります。そこに判決理由として「野菜畑で育てられる」からと書いてありますので、選択肢３が答えです。

問 36 Ⅰ 正解４　＊の二つ目に「出願には、語学能力証明書(しょうめいしょ)が必要です」とありますから、選択肢４が正解です。１は＊の一つ目に「毎年９月に……配付します。」とありますから、持っている人がいるかもしれませんので、違います。２は中国、台湾の大学も可能なので合っていません。３は 2017 年度の募集ですから、「2016 年 10 月から」が違います。

Ⅱ 正解２　募集期間を見ると秋期募集は「受付終了」と書かれています。ですから、この案内(あんない)は秋期募集の後で春期募集の前に配付されたものだということがわかります。選択肢の中でその期間にあてはまるのは２だけです。

問 37 Ⅰ 正解３　（　A　）に入るのは６～７行目の「洞窟(どうくつ)の壁(かべ)がメディアで、描(か)かれた絵がコンテンツだ。」と対になる表現です。８行目の「そこ」は「紙」を指しますから、選択肢３の「紙がメディアで、書（書かれた文字）がコンテンツだ」が答えになります。

Ⅱ正解２　３行目の「それ」という指示語がキーワードです。「それ」はすぐ前の文の内容を指しますから、選択肢２が答えです。１は「場所」の部分が違います。３は最後の２行にある「誰かから受け取った知」も含まれますので、「すべて」が違います。４は４～５行目を読めば違うことがわかります。

問38Ⅰ正解２　６～７行目に、「取材の時間は……30分か１時間くらいなのですから、おわってから」と書いてありますから、「取材がおわってから」です。

Ⅱ正解１　４行目に、記者が取材中にメールを見るのを、「そういう態度を、僕はとても失礼だと思っています」と書いてありますから、答えは選択肢１です。２は「いつも」の部分が５行目の「取材のあいだは」と、３は「どんなときでも」というところが最後の文の「そのときに確認しなくてもいいのです」と違っています。４は、この文章には書いてありません。

問39Ⅰ正解３　第２段落の最初にある指示語「そんな」がポイントです。「そんな」は前の行の「気持や身体につらさがにじみ出てしまう」を指しますから、答えは選択肢３になります。筆者がおしゃべりをすすめるのは「つらい時」ですから、１、２、４は違います。

Ⅱ正解２　10～11行目に書かれている内容と合っていますから、答えは選択肢２です。１は「ほとんどない」の部分が違います。３は「家族より」とは本文に書かれていませんから違います。４は「おしゃべりには」の部分が本文の２～３行目の内容と違います。

問40Ⅰ正解４　「（　A　）の異変がきっかけで、（　B　）な症状となってあらわれる」は、（　A　）が原因で、（　B　）になるという意味です。（　A　）のすぐ前に「体が心に支配され」とありますが、これは「心が原因となって体に変化を与える」という意味ですから、選択肢４が答えになります。

Ⅱ正解１　４～５行目に「病気になると、心と体が分かれてきます」とありますから、選択肢１が正解です。４は「病気のときも一体だ」の部分が違います。２～３行目から２が、５～６行目から３が答えでないことがわかります。

問41 Ⅰ 正解２　「人類の大切な知恵」は「そういう表現の自由をできるかぎり守ってきた」ことです。「そういう表現」とは、前の４～６行目の「自分の主張の正しさを文章や映画や演劇で発表すること」です。ですから、正解は選択肢２になります。

Ⅱ 正解２　選択肢１は、「多くの人が納得できる、ものごとの決め方」のひとつである「正しいと考える人の多い主張を認めること」（２行目）と同じ意味ですから、答えではありません。「正しいか正しくないかで決める」のも民主主義の基本的な考え方（８～９行目）、つまり、多くの人が納得できる決め方ですから、３も答えではありません。このすぐ前を見ると「強いか弱いかでものごとを決めるのではなく」とありますから、２が「多くの人が納得できる、ものごとの決め方」にあてはまらないことがわかります。４は「もうひとつの決め方」として、第３段落の１～２行目に書いてありますから、答えではありません。

問42 Ⅰ 正解２　選択肢２は７行目の「いつも置いておかなければならないもの」の例（８～９行目）の中にあります。１と４は「季節ごとに、なくてはならない商品」の例（４～５行目）の中にありますから違います。３は15～16行目に「どのコンビニでも扱っているわけではない」と書かれていますから違います。

Ⅱ 正解２　９行目に「チャンスロス」の説明が書かれています。「いつも置いておかなければならないもの」が売り切れの状態を防ぐためにすることですから、選択肢１は違います。３は「梅雨の季節には」が違います。４は「たくさんの種類の」が違います。

問43 Ⅰ 正解４　選択肢を見ると、（　Ａ　）には気持ちを表す言葉が入ります。「同じコンビニのアルバイトなのに、友達のところが自分よりも時給が高かったりすると」どんな気持ちになるかを考えると、選択肢４が最も適当だとわかります。

Ⅱ 正解２　「懐」というのは、「胸の内ポケット」のことですが、この文章はお金についての文章ですから、「懐の中に持っているお金」という意味になります。ですから、正解は選択肢２です。

Ⅲ正解１　この問と同じ意味の文が第３段落（10 ～ 11 行目）にありますので、その後の段落に「お金の話をしなくなる理由」が書いてあると予測できます。「一つ目」で始まる第４段落（12 行目～）の内容は、選択肢２と合っています。次の「二つ目」で始まる第５段落（17 行目～）の内容は、４と合っています。最後の「三つ目」で始まる第６段落（22 行目～）の内容は、３と合っています。問は「理由として、違うもの」を聞いていますから、本文に書かれていない１が正解になります。

問 44 Ⅰ正解２　２～３行目を見ると、「頭の悪さ」は「変えようのない素質(そしつ)的なもの」と言っているので、選択肢２が答えになります。この文章では、第２段落に、成績が悪い原因として、「知的能力不足＝頭の悪さ」、つまり、「変えようのない素質的なもの」を挙(あ)げていますが、続く第３段落は、「しかし」で始まるので、第２段落とは違う理由が来ることがわかります。それは「努力不足などの一時的な原因」ですから、１や４は答えでないことがわかります。３は第８段落から、答えでないことがわかります。

Ⅱ正解３　第４段落～第８段落の実験から、成績が悪い原因を「一時的な原因」（第５段落３～４行目）「一時的な問題」（第７段落１行目）「努力不足」（第８段落１行目）と考えれば、成績が上がるということがわかりますから、選択肢３が正解です。１は、「すべての学生」が違います。２は第２段落から、改善(かいぜん)が期待できない学生です。４は、実験の対象に選んだ人たちで、改善できるかどうかはその人たちの考え方によりますから、これも正解ではありません。

Ⅲ正解３　⑤も⑥も実験の内容を説明している文で、筆者の考えが書かれていませんから、選択肢３が正解です。②は最後の文に「……と考えられます」とありますから、筆者の考えを述べています。続く③は「しかし」で始まるので、②と反対の考えを述べていることがわかります。⑧は最後の文に「……ようです」とありますから、筆者の視点(してん)から述べている文だということがわかります。ですから、③がある１、②がある２、⑧がある４は正解ではありません。

パート３

問１　正解１　選択肢１は語学研修の説明部分に「単位認定の対象となる」とあることから正しいとわかります。２は留学説明会の説明に「大学在学中」、とありますから違います。ハンドブックは、新入生は会場でもらえませんから、３も違います。４は、一番下の＊を見ると、「持ち込み可」、つまり食べてもいいので違います。

問２　正解４　３～５行目から、ヒトの祖先と別れたのは、オランウータンの方がチンパンジーやゴリラより前ということがわかりますので、答えは選択肢４です。３はこの内容と反対のことですから、答えではありません。１は「共通する点はあまりない」が、２は「その特徴に全く違いはない」が１～２行目と合いません。

問３　正解２　答えは２～３行目にあります。スーパームーンは、月と地球が近づくときに見られるので、「月が太陽に近づいて」とある選択肢１は違います。また、満月のときに見られるので「いつでも見られる」という３も違います。スーパームーンが次に見られるのは2034年ですから、今から68年後という４も違います。ということで、正解は２です。

問４　正解３　本文の２～３行目に答えがあります。選択肢２は「七草がゆ」を食べる二つ目の理由です。４は「長生きできるように」食べるのは「エビ」ですから、違います。１は「お母さん」まではよいのですが、それ以下が「七草がゆ」を食べる一つ目の理由ですから、違います。

問５　正解３　答えは９～10行目にあります。選択肢１は、10～11行目に、外交的な人について、「つづりの誤りを……気にしていなかった」と書いてありますが、ミスが多いとは言っていないので違います。２は、９行目の「年齢や学歴、……にかかわらず」とありますから、合いません。４は９～10行目と合いません。

問６　正解４　負けることによってどうなるかというと、１行目に「結局は相手に勝つ」とあり、９行目に「儲(もう)けはちゃんと確保されている」とありますので、（　Ａ　）には選択肢４が入ります。

問７　正解２　最後の文に答えがあります。

問８　正解４　答えは本文の12行目にあります。11行目に、「飲んでもすぐに眠れるわけではありません」と書いてあるので選択肢１は違います。また、６～７行目に「眠る時はメラトニンが増え」るが、それが眠った「結果」かどうかははっきりしないと書いてありますから、２は違います。また、５行目から３も違います。

問９　正解１　下線の文の始めに「つまり」とありますから、その前に同じ内容の文があることがわかります。それは、すぐ前の文の「基本的な意味をあらわす語彙(ごい)」のことですから、答えは選択肢１です。

問10　正解２　７～８行目の「好きな果物のみのっている森の中を散歩しているみたいな感じだ。」では、「図書館の本」が「果物」にたとえられています。また、14行目の「親鳥を待っている雛(ひな)みたいな感じだ。」では、「本屋さんの本」が「雛」にたとえられています。ですから選択肢２が答えになります。

問11Ⅰ正解２　１～２行目に「長くて寒い夜はゆっくりお風呂に入るのがいい」、３行目に「柚子(ゆず)や蜜柑(みかん)を湯に入れると湯冷めをしないとも言われる。」とありますから、答えは選択肢２です。１は「一年で一番昼が長い」、３は「一年で一番夜が短い」、４は「蜜柑の皮の代わりに」の部分が違います。

Ⅱ正解１　６行目に「今でこそ一年中食べられる」とありますから、答えは選択肢１です。２は６行目、３は５行目、４は７行目に書いてあります。

問12Ⅰ正解４　答えは３～５行目にあります。「小説家、…、児童文学者、……、図書館員……など、本の達人(たつじん)たち」と書いてあります。その中に入っていないのは「みなさん」ですから、選択肢４が答えです。

Ⅱ正解３　答えは８行目～９行目にあります。「どのタイプにも共通しているのは、ほんとうに本が好きで、本の魅力を人に知ってもらいたいという熱意です。」と書いてありますから、選択肢３が答えです。

問 13 Ⅰ 正解３　（　Ａ　）の前後を読むと、前は、「一定レベルのものは書ける」と書いてあります。後には、「モヤモヤした感情を言語化しなくてはならない」と、書くことは難しいという意味のことが書いてあります。反対のことが書いてありますから、答えは選択肢３の「ところが」です。

Ⅱ 正解２　１～２行目からわかるように、筆者は、この文章全体で、書くトレーニングのために、映画を利用するのがいいと書いています。選択肢１は５～６行目に同じ意味のことが書いてあります。３は最後の２行に、４は下から３行目に書いてあります。しかし、２に書いてあることは、９行目の「それ（＝映画について書くこと）に比べると、読書感想文などは、……むしろ読む力が問われる」と合っていません。

問 14 Ⅰ 正解２　“文字は人なり”とは「文字は書いた人の人柄（ひとがら）を表す」という意味ですから、選択肢１、３、４は違います。３行目と６～７行目を読めば答えは２だということがわかります。

Ⅱ 正解３　答えのヒントは最後の段落にあります。「決まり文句や基本的フォームなどの規範があるので、これにそって書けば、……簡単に書くことができるようになります。」とありますから、答えは選択肢３です。１、２、４は本文に書かれていません。

問 15 Ⅰ 正解２　７行目に「依存（いぞん）を排（はい）して自立を急ぐ人は、自立ではなく孤立（こりつ）になってしまう。」と書いてありますから、選択肢２が答えです。１～２行目に「自立ということを依存と反対である、と……考え、……自立を達成しようとするのは、間違ったやり方である。」とあることから、１の「依存」は答えではありません。また、５～６行目に「自立ということは……感謝していること」とありますから、４の「感謝」も答えではありません。

Ⅱ 正解４　10～12行目に「スイスに行ってみると、親子が離れて暮らしている場合、電話で話し合ったり、……時に会食したりする機会が日本人より、はるかに多い」とありますから、選択肢４が答えです。また、ここから、3は答えでないことがわかります。1は9～10行目に「親子の関係などは、日本よりはるかに薄いのだろう、などと勝手なことを考えていた。ところが、……」とありますので違います。2は本文に書いてありません。

問16 Ⅰ 正解3　5行目に書かれている内容から、答えは選択肢3です。1と4は「スクールのようなところ」で学ぶメリットですから違います。2は5～6行目の内容と合っていません。

Ⅱ 正解1　（　A　）は5～6行目「独学には継続のための強い意志が必要となります。」を受けています。その後に「独学の成功・不成功には意志の力の強弱が関係しますが、」と同様の内容が書かれていますから、正解は「言うまでもなく、当然」の意味を表す選択肢1です。例を挙げる場合に使う2や、推測する場合に使う3、原因・理由を説明する場合に使う4は適当ではありません。

問17 Ⅰ 正解2　12行目に「こうして勉強すると……下手な部分が浮き彫りになります。」とあります。「こうして勉強する」は、下線部（1）の内容を指しているので、12行目の文は、「下線部（1）のようにすると……下手な部分がはっきりわかります」という意味になります。すぐその後で「これが大切なのです。」とあるので、答えは選択肢2になります。1、3、4は本文に書かれていません。

Ⅱ 正解1　下線部（2）「勉強にならないわけがありません」の「わけがない」は「当然～ない」と強く言うときに使われます。「勉強にならない」ことを「当然～ない」と強く否定しているので、選択肢1の「必ず勉強になります」が正解になります。

Ⅲ 正解3　「模倣するということは、（　A　）ということなのです。」とありますから、「模倣する」を言い換えた言葉が（　A　）に入ることがわかります。この文章のキーワードである「模倣する」を言い換えた言葉には、「真似する（4行目）」「見習う（下から5行目）」があります。「見習う」が選択肢3にありますから、これが正解です。